敬者,心法也。即文王所谓宅心也,即孟子所谓存其心求放心也,即扬子云所谓存神而神不外也,即程子所谓主一无适、心常在腔子里也,即上蔡所谓常惺惺法也,即和靖所谓此心收敛不容一物也。静亦静,动亦动,无内无外,无将无迎。其处也泰然,其立也卓然,其豁也洞然,其止也凝然,其照也湛然。一尘不留,万境呈露,由是而诚意正心,由是而修身齐家治国平天下,而圣学之功用可全矣。

——陈大猷《书集传或问》

磐安之往

两宋时期的士人与世相

许梦熊 著

浙江工商大学出版社·杭州

图书在版编目(CIP)数据

磐安之往：两宋时期的士人与世相 / 许梦熊著.
杭州：浙江工商大学出版社，2024.6. -- ISBN 978-7
-5178-6066-2

Ⅰ. K825.4

中国国家版本馆 CIP 数据核字第 20249MB183 号

磐安之往——两宋时期的士人与世相
PAN'AN ZHI WANG——LIANGSONG SHIQI DE SHIREN YU SHIXIANG
许梦熊 著

出 品 人	郑英龙
策划编辑	沈 娴
责任编辑	程辛蕊 沈 娴
责任校对	李远东
封面设计	观止堂_未氓
责任印制	包建辉
出版发行	浙江工商大学出版社
	(杭州市教工路 198 号 邮政编码 310012)
	(E-mail：zjgsupress@163.com)
	(网址：http://www.zjgsupress.com)
	电话：0571 - 88904980,88831806(传真)
排 版	杭州朝曦图文设计有限公司
印 刷	浙江海虹彩色印务有限公司
开 本	880mm×1230mm 1/32
总 印 张	8.25
总 字 数	150 千
版 印 次	2024 年 6 月第 1 版 2024 年 6 月第 1 次印刷
书 号	ISBN 978-7-5178-6066-2
定 价	88.00 元

许梦熊

原名许中华,1984 年生,浙江台州人。入选浙江省第六批新荷计划人才库,中国作家协会会员。曾获首届北京文艺网国际华文诗歌奖(2013)、浙江省作家协会 2015—2017 年度优秀文学作品奖(2018)、首届"浙东唐诗之路"全国诗画大赛一等奖(2021)、中国桐庐富春江桂冠诗歌奖金桂奖(2023)。出版诗集《倒影碑》《与王象之书》等。现居金华。

前　　言

　　磐安隶属于金华。关于金华的来历,南朝文学家郑缉之《东阳记》载:"(仙都山)孤石撑云,高六百余丈。世传轩辕游此飞升,辙迹尚存。石顶有湖,生莲花,尝有花一瓣飘落至东阳境,于是山名金华,置金华县。"磐安则另有一种出场方式。民国二十八年(1939),浙江省政府从缙云、仙居、东阳、永康、天台五县中划出部分地区作为战略要地,磐安由此诞生。其名源于《荀子·富国》中"则国安于磐石"一句,寄寓着"牢固不可摧毁"的美好心愿。生于战火硝烟之时的磐安,林木莽莽,水流溱溱,自有一派灵秀气象。

　　史学家陈寅恪以为"华夏民族之文化,历数千载之演进,造极于赵宋之世",建炎南渡,宋室偏安一隅,此时的金华迎来了有史以来最为辉煌的一个阶段。史学家蒙文通认为"南渡之学,以女婺①为大宗,实集北宋三家之成,故足以抗衡朱氏。而一发枢机,系于吕氏……盖女婺之学,萃洛、蜀、新学三家于一途……及其流之既远,为金华文献之传,与朱学合而为一,入明犹盛",是以两宋时期的磐安同样拥有这一璀璨的时刻,甚至更有不可思议之处。

从后周重臣卢琰带着周世宗柴荣之子柴熙诲隐居磐安灵山开始,磐安即有一种隐逸的色彩,磐安士人遵从的往往不是功利,而是超越功利的道义或者真理,所谓"为乐良有极,大义终无穷"。南渡之后的时局可谓风雨飘摇,陆游随同父亲陆宰到磐安隐居,相传晏敦复、龚茂良等家族亦避难其地,悉数得到陈宗誉的庇佑,足见陈宗誉"其义可依,其勇可恃"。晚年的陆游若是忆及磐安,或许仍抱以"箫鼓追随春社近,衣冠简朴古风存"的感慨。然磐安陈氏繁衍之盛足以令人赞叹,陈鹏飞和陈大猷皆以《尚书》学名世,陈鹏飞在《尚书》学上的造诣足可与苏东坡相提并论,"苏氏奇而当,陈氏简而明"。而陈大猷的《书集传》,已是"博采诸家之长,附以一己之见。章分句解,理显词明,详而不失之繁,简而不失之略",后来的《或问》,更是"折衷尤精,有诸儒先所未发者",明初《书传会选》采掇宋元经说,就以陈大猷为最。

南里王氏因地理学家王象之而备受瞩目,其地理学名著

---

① 编者注:即婺女,二十八星宿之一,旧指婺州(州治在今浙江金华)。

《舆地纪胜》集前代地理总志和各地方志编纂之大成,初步确立了宋以后地理总志的编纂体例。他的叔兄王益之同样卓异,《四库全书提要》推许其著《西汉年纪》"独旁取《楚汉春秋》《说苑》诸书,广征博引,排比成书,视《通鉴》较为详密"。王象之的侄辈王霆于南宋嘉定四年(1211)登武举绝伦异等,时任主考官的乔行简直言:"吾为朝廷得一帅才矣!"

磐安榉溪被称为"孔氏第三圣地",孔端躬扈驾南渡,至榉溪开南孔又一枝叶,所谓"万世师表有耿光"。皿川羊氏更为古老,从成仙的羊愔到成儒的羊永德,其中最大的秘辛不过原为王安石新学门徒的羊氏父子,却因程朱理学的崛起,最终被强行纳入吕祖谦的门下,此中蹊跷,明末清初思想家黄宗羲尚且不察,后人也只不过是将错就错。梓誉蔡氏寻根至蔡元定,一如榉溪孔氏论定圣裔,两者都得到了更高意义上的"谱系建构"。当然,武状元周师锐也值得一提,即使他所要挽救的南宋之舟早已被凿穿,他仍然坚守着"虽千万人,吾往矣"的气节。还有湖山居士吴芾以及宋承事郎韦学古,二人皆是皎皎之士,不论风云如何激荡,他们同样不忧亦不惧,这也是两宋时期磐安士人始终传承着的血脉,直到今天仍在我们心中渴望着回响。

许梦熊

2023 年 9 月 24 日

目　录

风霜经历尽奇才

卢琰与浙江九支卢

一

德国著名哲学家雅斯贝尔斯说："历史不时表现为一团乌七八糟的偶然事件，像急转的洪流一样。"在笔者看来，五代十国便是这样一股"急转的洪流"。作为后周重臣，卢琰自然不会为宋太祖所用，然则其他后周的臣僚往往能见诸史册，人生的辉煌或黯淡总有见证，唯独卢琰的事迹不仅在正史上鲜有记载，而且在野史中也含糊其辞，只在各支卢氏宗谱中得以保存。

卢琰，字文炳，生于唐光化三年（900）。同年，唐昭宗与宰相崔胤谋，欲尽诛宦官，反遭宦官刘季述率兵破门入宫，唐昭宗被迫让位。宦官引朱温入唐，自此朱温势力益发壮大，唐祚终移于后梁。此后便是弱肉强食的时代，所谓"皇帝轮流做，明年到我家"，而置身其中的卢琰，却如同黑暗中执着亮起的灯火，始终不曾减弱自己的光芒。卢琰是洛阳人，高祖卢全和曾祖卢云都是唐代有名的人物，卢全被称为茶仙，性高古介僻，所见不凡近。卢琰的祖父卢鸦仕后梁，位至上卿。卢琰的父亲卢清担任越州令时，碰上饥荒，上书请赈，诏书还没下达，他率先发廪赈灾，活民以万计，朝廷不仅没有治他的罪，反而嘉谕褒奖，卢清的名望也随之升高。卢琰天生异质，读书过目成诵，弱冠登科第。后周广顺三年（953），卢琰已经官居户部郎中，从五品上，掌户籍、土田、赋役、蠲复、婚姻之政。

卢琰佐后周，"历官工部尚书、光禄大夫，封开国上将军便宜行事，卓有勋绩，纪勒旂常"。北宋建隆三年（962），宋太祖为笼络后周重臣，封卢琰为越国公。卢琰的前半生，几乎与后周相始终。陈亮在《越国公卢工部墓志铭》中写道："周太祖平定中原，公与有力焉，世宗在晋邸甚器重之。"程正谊的《越国公祠堂记》中则写得更为详细："公文武

卢琰像

全才，仕后周，历官点检尚书，事太祖，鞠躬尽瘁、不避险夷。太祖致太平，类多公绩，曾为竖碑太庙，以纪其劳，谓公'学精德粹'，如'璠玙冰霜'。其所重于公者，似又以德为先，而功次之，则公虽未历艰屯，而清风劲节已见于朝宁间矣。"周世宗柴荣夸赞卢琰的为人，称他"卿貌而古，学朴而丰。抚下事上，以仁以忠"。这样的德行在五代可谓凤毛麟角。

当然，周太祖郭威算得上五代十国里面的一个枭雄，后汉乾祐元年（948）三月起，河中节度使（治今山西永济）李守贞、永兴军节度使（治今陕西西安）赵思绾、凤翔节度使（治今陕西宝

---

* 本书图片由磐安县文学艺术界联合会统一提供，后文不再一一说明。

鸡)王景崇相继反叛,郭威仅用一年时间就平定了叛乱。等到乾祐三年(950)三月,河北诸州军政一切事务,已均由郭威节制。此时,郭威任邺都留守,兼任枢密使。不想,后汉隐帝刘承祐无法忍受元老大臣的钳制,在首都开封捕杀托孤大臣史弘肇、杨邠等人,郭威和柴荣在京的家属也被诛杀殆尽。等到郭威回师京城,隐帝刘承祐也被人所杀。十二月,契丹南下,郭威率军过黄河,士兵哗变。司马光《资治通鉴》载:"或裂黄旗以被威体,共扶抱之,呼万岁震地,因拥威南行。"当时卢琰即在郭威军中。

郭威在位仅四年,便传位养子柴荣。五代之乱,至周世宗柴荣,方见一线曙光。司马光道:"若周世宗,可谓仁矣!不爱其身而爱民。若周世宗,可谓明矣!不以无益废有益。"柴荣对卢琰十分看重,后周显德二年(955)八月,卢琰升为工部尚书兼观文殿大学士。不出一个月,柴荣对卢琰更是"寄之以重任",晋升其为荣禄大夫、开国上将军,食邑三千七百户,实封七百户。柴荣以卢琰为

《永康卢氏宗谱》收录
周世宗敕命一道

股肱之臣,认为他"持心清简,处事公明",赞他"白简凝霜,岂负激扬之志;金章耀日,用彰忠孝之名"。

周世宗柴荣以"十年拓天下,十年养百姓,十年致太平"为己志,其抱负确实令人敬佩。辅佐周世宗的大臣,又是被称为"天下之真材"的王朴。张燧在《千百年眼》中论王朴可谓至当:"五代人才,王朴为冠。其平边策,攻取先后。宋兴之初,先平江南,晚定河东,次第不能易也。外事征伐,内修文治。其论星历,宋定钦天历,不能易也。其论乐律,宋作大晟乐,不能易也。"王朴曾说:"彼民与此民之心同,是与天意同契;天人意同,则无不成之功。"是以柴荣在位仅仅六年,却能澄清吏治,选才纳谏,修订刑律,整顿禁军,南征北战无不克,均定田赋,兴修水利……这种君臣相知、励精图治的局面,真可谓盛世的预兆。然而,王朴和柴荣却相继暴死,反为赵匡胤的"黄袍加身"洞开方便之门。

后周显德七年(960)正月,赵匡胤袭郭威之故智,借契丹和北汉联兵南下之机,统军北上。作为开国上将军的卢琰也曾要求北上抗击契丹,却被赵匡胤安排在王审琦麾下,驻守京城。王审琦是"义社十兄弟"之一,更是赵匡胤发动兵变、代周立宋的基本力量,可见赵匡胤对卢琰并不放心,必须把他置于监控之下。陈桥兵变也就成了一出戏,赵匡胤几乎不费吹灰之力,一日之间,便改国号为宋,足见其谋划之深、酝酿之久,更可见郭威对他的至深影响。赵匡胤黄袍加身的戏码只不过是郭威在部将推戴下称帝的升级版,即使卢琰事前不知,事后又岂能对赵匡胤的用心毫无体察?在某种程度上,卢琰携柴荣幼子柴熙海远遁当年永康孝义乡的灵山之下(今磐安县新渥街道上卢、中卢一带),不仅为柴氏留一血脉,也为卢氏留一后路。

<h2 style="text-align:center">二</h2>

为了制造赵宋取后周而代之的合法性,宋代笔记小说中有大量玄虚的天命故事,譬如王巩的《随手杂录》,把柴荣的暴卒与毁佛联系在一起:"柴世宗销天下铜像以为钱,真定像高大,不可施工,有司请免。既而北伐,命以炮击之,中佛乳,竟不能毁。未几,世宗痈发乳间而殂。"王巩是北宋初期宰相王旦之孙,为人正直,陆心源《宋史翼·王巩传》说他"笃学力文,志节甚坚,练达世务,强力敢富"。王巩的这一说法,大概出自北宋大臣杨亿的《杨文公谈苑》,《续资治通鉴长编》卷八引述道:"周世宗悉毁铜佛像铸钱,谓宰相曰:'佛教以为头目髓脑有利于众生,尚无所惜,宁复以铜像为爱乎?'镇州铜大悲像甚有灵应,击毁之际,以斧锧自胸镵破之。太祖闻其事。后世宗北征,病疽发胸间,咸谓其报应。太祖因重释教。"

到了王铚的《默记》中,王朴与柴荣的相继暴死则被增添了一种天命的色彩。王朴夜观天象,发现后周的气数将尽。一天夜里,王朴带着柴荣来到五丈河,只见"一灯荧荧然,迤逦甚近则渐大,至隔岸大如车轮矣。其间一小儿如三数岁,引手相指",王朴让柴荣速拜,火轮小儿"渐远而没",王朴于是知道天命不可违,不数日"于李谷坐上得疾而死",周世宗在讨伐幽燕后,也"道被病,归而崩"。王铚认为这不是偶然的事情,火轮小儿则是宋代"火德之兆"。王铚是令陆游倾倒的一个人,记忆力尤为超群,他的父亲王萃是欧阳修的学生,此事是王萃听陆经说的,陆经则常与欧阳修、苏舜钦辈游。是以道听途说也有好处,上述传说几乎反映了天命与伦理的某种流变,说明至少在欧阳修生活的时代,赵宋取代后周已经按照五德终始说在笔记小说中得到了加工,这种加工的故事也就间接地成为历史变迁、王朝更替的根据。

此外,宋朝统治者自身也在为彰显政权合法性而努力。宋初铜荒并没有结束,宋太祖一方面屡次诏禁铜铁,另一方面却重铸镇州龙兴寺铜像。针对这一矛盾现象,学者刘长东在《宋太祖受禅的佛教谶言与宋初政教关系的重建》中指出:镇州龙兴寺铸像,是谶言作为连接政教之纽带的一个直接证据。"宏伟铜像的重新矗立,宣示着佛教结束了前代的法难而获得重兴;而铸像作为帝王的国家行为,又象征着政治和佛教重新建立了良性的关系。"此外,赵普《皇朝飞龙记》有关太祖受禅事、释祖秀《欧阳文忠公外传》有关麻衣谶言事、朱弁《曲洧旧闻》有关宋太祖为定光佛转世事,如出一辙,不论儒释道,都要为赵宋政权的合法性制造一种天命授受的象征。

　　在这样一个背景下，我们再看卢琰的选择，才能够明白他的气魄与志节，是如此宏大与坚贞。王朝更替之时，他不汲汲于富贵，只遵循自己的原则行事，保全先帝遗孤，这是多么不可思议。目前，我们能够看到关于卢琰携柴荣幼子柴熙诲远遁至永康孝义乡四十五都灵山之下的较早记录是《石马卢氏宗谱》中卢琰三世孙卢晋所作《灵山世纪》，时在北宋天禧四年（1020）八月，"先朝以孤寡失驭，大宋以位望蒙推。二皇子方离襁褓，大驾入朝，宋祖指曰：'是复何待？'左右即提去。越国公进曰：'尧舜授受不废朱均，今受周禅岂不存其后？'时潘美亦以为不可。乃以一封纪王名熙谨者畀潘美，后更名惟正；一封蕲王名熙诲后更名炯者，公抱之驰寓于浙之临安。时吴越犹未纳土，意宋不得而制之，且食非宋粟也。既又自临安隐处于兹灵山，育而教之，妻之以女。尤恐少康斟灌之祸，俾隐姓名曰卢璿（一作璇），与八男列而为九"。

　　其中，柴熙谨即潘惟正之事，却是一个误会。潘德富在《潘惟正是潘美之子的考证》中对此辨之甚详，柴熙谨卒于北宋乾德二年（964），潘惟正则卒于北宋大中祥符八年（1015），两人卒年相差五十一年，显然无法对号入座。当然，有人以为柴熙谨"假死实存"，托身潘美门下。从另一个角度思考这件事，潘美领养柴熙谨，正好可以冲淡卢琰领养柴熙诲这一事件的影响。潘美是宋太祖的爱将，卢琰则是周世宗的重臣。一个效力新朝，鞠躬尽瘁；一个不忘故主，远遁山野。于是，潘美的显达与卢琰的淡泊便成为一种对照。潘美收养柴熙谨之事，不论真假，其意都在显示宋太祖的宽仁，也为他的三条政治遗嘱作了注脚，所谓"保全柴氏子孙，不杀士大夫及上书言事之人，不加农田之赋"，以至于后人对宋太祖"不谓之盛德也不能"。[①]

然则王巩的《随手杂录》中另有记载："太祖、太宗时，诸节度皆解兵柄，独潘美不解。美每赴镇，留妻子，止携数妾以往。或有子，即遣其妾与子归宗，仍具奏，乞陛下特照管。"可见潘美为人谨慎，是以他收养柴熙谨一事，或许暗含了宋太祖的深谋远虑。王巩此书中有关曹彬的一条，如是写道："曹彬、潘美伐太原，将下，曹麾兵少却，潘力争进兵，曹终不许。既归至京，潘询曹何故退兵不进，曹徐语曰：'上尝亲征不能下，下之，则我辈速死。'既入对，太祖诘之，曹曰：'陛下神武圣智尚不能下，臣等安能必取？'帝颔之而已。"足见帝王心术，让人如临深渊、如履薄冰。卢琰的远遁，真可谓明智之举。

---

① 编者注：关于宋太祖遗愿一事，相关记载有较大出入，且此事真伪有争议。书中采用的是明代王夫之《宋论·太祖》中的观点。《宋史》《避暑漫抄》等材料中所记载的宋太祖遗愿是：柴氏子孙有罪，不得加刑；纵犯谋逆，止于狱中赐尽，不得市曹刑戮，亦不得连坐支属；不得杀士大夫及上书言事人。子孙有渝此誓者，天必殛之。

三

　　《新五代史》载,柴荣有七个儿子,宋初尚有四子在世。其中,柴熙谨卒于北宋乾德二年(964),时年十岁左右;周恭帝柴宗训卒于北宋开宝六年(973),时年二十一岁,只有柴熙让与柴熙海的人生相对长久。据说柴熙让的后裔世居河北沧州,北宋末年,才迁回山西临汾洪洞县柴家垣村。其实,柴荣的直系后裔,在宋代只能隐姓埋名。最有意思的是,柴宗训死后,宋朝便选取柴氏旁支一人封为崇义公。至宋徽宗,又"择柴氏最长见存者以其祖父为周恭帝后,以其孙世世为宣义郎,监周陵庙,与知县请给,以示继绝之仁,为国二恪,永为定制"。不论宋朝优待柴氏后裔的政策是不是表面文章,这样的结局总归是少了许多腥风血雨。其实,有关柴荣二子柴熙谨、柴熙海的消息,一方面在卢氏宗谱中得以保存,另一方面也在宋人的笔记小说中时有闪现,其中最重要的仍是王巩的《随手杂录》和王铚的《默记》。

　　王巩在《随手杂录》中这样写道:"太祖皇帝初入宫,见宫嫔抱一小儿,问之,曰世宗子也。时范质与赵普、潘美等侍侧,太祖顾问普等,曰:'去之。'潘美与一帅在后,不语。太祖召问之,美不敢答。太祖曰:'即人之位,杀人之子,朕不忍为也。'美曰:'臣与陛下北面事世宗,劝陛下杀之,即负世宗。劝陛下不杀,则陛下必致疑。'太祖曰:'与尔为侄,世宗子不可为尔子也。'美遂持归,其后太祖亦不问,美亦不复言。后终刺史,名惟吉,潘夙之祖也。美本无兄弟,其后惟吉历任供三代,止云以美为父,而不言祖。余得之于其家人。"

王铚《默记》则写道:"艺祖(即宋太祖赵匡胤)初自陈桥推戴入城,周恭帝即衣白襕,乘轿子出居天清寺。世宗①节名,而寺其功德院也。艺祖与诸将同入院内,六宫迎拜。有二小儿丱角者,宫人抱之亦拜。询之,乃世宗二子,纪王、蕲王也。顾诸将曰:'此复何待?'左右即提去,惟潘美在后以手掏殿柱,低头不语。艺祖云:'汝以为不可耶?'美对曰:'臣岂敢以为不可,但于理未安。'艺祖即命追还,以其一人赐美。美即收之以为子,而艺祖后亦不复问。其后名惟正者是也。每供三代,惟以美为父,而不及其他。故独此房不与美子孙连名。名夙者,乃其后也。夙为文官,子孙亦然。夙有才,为名帅,其英明有自云。"

显然,两者在实质内容上并没有太大的差别,王巩说柴熙谨被潘美收为侄子,王铚说柴熙谨被潘美收为儿子,王巩所说的"一帅"即卢琰,王铚则将卢琰隐去,可见王铚的记录,只是对王巩所述之事的一次语料加工。更何况,两人的记录全部突出潘美,而真正携柴荣幼子柴熙诲脱险的卢琰则被这一为人津津乐道的稗官野史所覆没。

作为后周大臣,卢琰若是肯屈膝,富贵自然不可限量。所以程正谊才有这样的论调:"君臣义薄至五季而极矣;冯道历事

---

① 编者注:"世宗"前疑缺"天清"二字。

五朝终身富贵;陶谷袖出禅诏,遂为佐命元勋。黄袍加身之时,卢公肯一屈膝,富贵讵可量哉?而公不为也。"赵匡胤初登帝位,柴氏子孙的命运可谓危若累卵,卢琰与孙惟温商量,谋避乱之策。孙惟温是金华永康人,博学能文,师事卢琰,后来还做了柴荣的女婿,两人的想法一致,终归义不臣宋。北宋乾德六年(968),柴熙谨去世四年后,赵匡胤开始关心蕲王柴熙海的去向,卢琰深知自己避无可避,于是向宋太祖提出归农致仕,"纳印绶归",他和孙惟温带着柴熙海连夜驰出京城,先是定居临安。此时,钱俶的吴越国尚未归附赵宋,然则大厦将倾,风声紧急,加之卢琰的父亲曾为越州令,他对浙东相当熟悉,又或是听从孙惟温的建议,最终选择远遁磐安灵山。灵山时属永康,更是孙惟温的家乡,如此,离赵宋的权力中心越远,他们的安全系数也就越高。卢琰对赵匡胤的忌惮,可谓深入骨髓。

《灵山卢氏宗谱》记载,赵匡胤作有一首《御题赠卢工部致仕》,诗云:"黄麻一纸赐卿回,欲若卿荣世罕哉。官众临行饯祖道,朕亲赠别举金杯。实怀念母无忘孝,未说登科早占魁。人问朝廷何太宠,调羹会赖作盐梅。"盐梅调羹多用来代指宰相或者才干相当于宰相的人,可见赵匡胤对卢琰的赞赏之情。另据《白竹卢氏宗谱》,赵匡胤另一首《御题赠卢工部致仕》则为:"袖手长才世路轻,爱闲那肯鬻荣名。挂冠便欲辞丹阙,策杖还归老故城。适意不论三仕喜,传家惟有十分清。林间佳趣真恬退,向好廉泉自濯缨。"若说此时的卢琰"优游泉石,以景物自娱",然而他在八景诗中又透出一种黍离之悲。其中一首《柘巅春阴》,如是写道:"欲寒不寒云满天,欲雨不雨春风巅。阴霾磅礴苦不散,咫尺失却青山巅。人家最幽独桑柘,重重喜庆太平年。茆屋闲杀采芝翁,怅望长安白云边。"一是"闲杀",一是"怅望",伤怀之情,溢于言表。但不论如何,对太平日子的到来,卢琰还是抱着一种喜悦之情。

为赵匡胤起草禅位诏书的陶谷,自五代至宋初,"文翰为一时之冠",为人却倾险狠媚。他曾作《恭饯卢工部文炳前辈致仕南归》:"旋转乾坤不世功,名山韬晦效孤忠。清华门第传江左,锦绣旌旗拥浙东。道德文章千古事,慈祥孝友一家风。金銮饯别增行色,自是皇家礼数重。"由此可知,卢琰的操守,非宋初大臣所能比,正如程正谊所论断,"窃谓灵山之隐,有首阳之遗风;二孤之存,追婴杵之大义。惜乎《宋史》之不载也。盖宋祖革命,人谓之狐媚欺君,而卢公挟孤以逃,存柴氏一线之绪,正宋室之所忌也",此乃天地间绝大一篇道德文章,所谓"为乐良有极,大义终无穷"。

四

卢氏宗谱载,卢琰远遁磐安灵山时,已是耳顺之年。在"僻隅厓谷,俗多朴野"的灵山,卢琰也能"随地而安""随遇而乐"。当初,卢琰娶后周上将军赵光之女为妻,共生八子,分别为珪、璞、琯、衡、勋、敏、理、卫,一女名锦,后招柴熙海为婿,柴熙海也改名为卢璿(一作璇),隐柴为卢,列作九支,分别以榛、栗、檫、松、竹、梅、桐、梓、杞为号。卢琰在灵山建塾延师,"课诸子孙及乡子弟,风俗丕变",磐安的山水也就成了卢琰寄情咏怀的一个美丽新世界,灵山八景诗便有所体现。其中一诗名《后溪夜雨》,陈氏后人认为是陈桥兵变的写照:"谁把天瓢马鬃滴,入夜频听声转急。随风势若黄河翻,逐电奔如沧海泣。明朝早起望清流,茫茫不见芦花洲。朗诵南华秋水篇,源头飞起双白鸥。"所谓"明朝起视而芦洲不见",天地翻覆,他却不能有所支撑,这或许是卢琰一直无法释怀的事情。

卢琰的长子卢珪,字伯璋,生于后汉乾祐二年(949),颇有韬略宏济之才,北宋开宝八年(975)授湖南道宣慰安抚使,第二年,宋太祖宣其入朝,奉诏补中书舍人加朝议大夫兼秘书监,后归居翠屏山,是石马卢氏的始祖,卒于北宋天禧三年(1019),年七十一。十数世多登仕籍,所谓门祚与宋祚相始终。次子卢璞,字伯玉,生于后周广顺元年(951)。三子即柴熙诲,更名卢璿(一作璇),字伯达,生于后周显德三年(956)。四子卢说,字伯瑛,生年不详,当与柴熙诲相仿佛。开宝九年(976),赵匡胤逝世。此后,卢氏诸子纷纷入仕为官。

北宋太平兴国二年(977),卢璞奉诏授湖南安抚使监部,"检覆军吏隐没事,诛叛逆之臣,更拜中书令。夏五月奉诏,以其文学精通才能超越,特命兼工部侍郎知制诰事"。太平兴国四年(979),卢说奉诏授中书舍人评议磨勘事,寻拜校书郎,即授中议大夫。同年，五子卢衡，字伯玑，"除广南都司令中军提领，寻授从仕郎，奉使巡诸道，总制军旅事，授典略校尉操进"。太平兴国八年（983），卢璿（即柴熙海）奉诏擢殿前防御使，封武烈侯，他和卢锦生有一子，名卢可，居孝义乡灵山下庄，至八世始迁白竹。六子卢勋，字伯恺，北宋雍熙四年（987），"除授广南等处提刑按察使，分巡水道，擒叛臣郑超等五十余人。七月初三日还京，敷奏有条……帝嘉之，宠赍优渥"。七子卢敏，字伯愚，北宋淳化二年（991），奉诏"除江陵都尉授将仕郎。明年三月擢湖南道掌军政事，治理严明"。八子卢理，字伯恕，淳化三年（992），任京都邑令，寻命为赞善随御副将。九子卢卫，字伯超，淳化五年（994），授广南都司令。

雍睦之风行，家道将且大。不论如何，卢琰终究保住了柴家的一支血脉，九支卢从磐安灵山发脉，繁衍兴盛，渐成望族，"九支并茂，像萁豆之同根；爵位蝉联，识恩光之无限"。卢琰卒于雍熙元年（984），葬于翠屏山麓之东塘山。北宋皇祐五年（1053），楼定国为卢氏宗谱作序："太祖太宗素重公，擢其子孙列显要，金紫交映，天下荣之。后族属蕃衍，析处各方，并称名族云。"卢琰逝后百余年，陈亮为之作铭："巍巍翠屏，在山之阳。渊渟岳峙，翥麟翔维。维公之德，奕世流芳。卜云其吉，终焉允藏。生则为英，殁则为灵。朝中柱石，天上福星。满门簪笏，垂紫拖青。千秋万世，猗欤此铭。"

《安溪长堤卢氏宗谱》记载了卢琰的一首《游翠》，最能道出他的一腔衷肠:"摩崖常忆翠峰游,烟月藤萝幽更幽。重上峰顶望河洛,千年正气更谁收。"岁月起聊翩,不知饱经风霜的卢琰优游于灵山、眺望未来之时,可曾设想到当年隐遁灵山的抉择,会绵延出那般多的芝兰玉树?

一寸丹心幸无愧

安文陈宗誉及其后人

一

　　磐安安文陈氏以东汉颍川陈寔为外纪一世祖,与根溪陈氏同源。根溪陈氏为南朝陈宣帝第六子、宜都王陈叔明后裔,其内纪一世祖为唐末吏部尚书陈光忠,陈光忠携子陈景平居湖州,又迁至永康枫山前,后以其官名改称尚书堂(今永康桥下镇)。陈景平生子陈夯,陈夯次子陈世琼再迁至东阳瑞山乡根溪(今属磐安安文街道),是为根溪陈氏祖,衍为八派。陈世琼子陈惟胜于后晋天福年间自永康龙山后宅尚书堂迁居东阳瑞山乡安文,是为安文陈氏内纪一世祖。陈惟胜有五子,衍为根溪、深溪、东溪、文溪、双溪等五派[①],陈宗誉即属东溪一脉。然陆游《陈君墓志铭》中载:"彦声(即陈宗誉)曾大父用之,大父希观,父夯,娶罗氏,以子回授恩封孺人。"依陆游所说,则宗誉父陈夯与其祖上同名矣,此当为陆游误记。按《安文陈氏宗谱》所载,陈用之生陈希观,陈希观在宋哲宗朝为江东常平提举;陈希观生陈仔麦,陈仔麦在宋哲宗朝为大理寺评事;陈仔麦生陈宗誉,陈仔麦的九弟陈仔璜生陈宗言。是以陈宗誉与陈宗言为堂兄弟。后来,著名文学家陈亮为陈宗言作《营陵公去官序》,所谓"堂堂大国,一行数千里,岂无(一)英特知义之人乎? 使壮士

<hr>

　　① 　许宁航主编:《东阳百家姓》,杭州:西泠印社出版社,2020年,第20页。

困(于)泥涂则其耻有甚矣"①,时在南宋淳熙四年(1177)十二月。陈宗言生陈良佐,宗谱中言其"理宗朝累官至都统制,赠忠孝大将军,绍兴(当为绍定)大破蒙古,名震中国"。然则求诸史料,往往阙如。倒是《宋史纪事本末》卷九十有如下记载:"绍定元年三月,蒙古兵入大昌原,金平章政事完颜合达以忠孝军提控完颜陈和尚为前锋。陈和尚擐甲上马,以四百骑大败蒙古八千之众,士气皆倍。盖自有蒙古之难,二十年间始有此捷,奏功第一名,震国中,授定远大将军、世袭谋克。"《金史》中记载,完颜陈和尚是丰州人,本名彝,字良佐,小字陈和尚,为金朝宗室,父亲是阶州军事完颜乞哥。陈氏宗谱中关于陈良佐的记载,或许混杂了完颜陈和尚的事迹。

陈仔麦,字子华,"生而英敏,勤励起家而复好施与,遇岁荒,姻里待以举火者甚众,郡邑多难,人情汹汹,公能以保家之道属后,卒无所累。晚年益勤修简,赀财巨万,分以与弟,曰:'吾有子,颇能克家,不患贫也。'其笃于友爱,不私封殖如此"。陈仔麦娶妻楼氏,生有二子,即宗誉和宗显。陈宗誉"为人贤而好义,勇而多谋",陈宗誉之所以至今为人铭记,实有赖于陆游的文笔,据陆游说,他是受陈宗誉五子陈惛所请,在南宋乾道二年(1166)作《陈君墓志铭》。篆额为叶衡所题。叶衡是金华人,

---

① 编者注:这一引用采取了陈氏宗谱中的说法,陈亮《龙川集·送岩起叔之官序》中也出现了这段话,只是文字略有差别,后者中多出文字已用括注说明。

时任左朝奉郎权发遣常州军州事主管学事，后官至右丞相。书丹的人是李浩。李浩是临川人，与秦桧子秦熺、磐安人陈鹏飞为同科进士，时任左奉议郎权发遣台州军州事主管学事。因陈宗誉"盖尝有德于陆家"，陆游认为为他作铭是义不可辞。

陆游在墓志铭中写道："宣和中，盗发旁郡，东阳之民有将应之者，赖彦声为言逆顺祸福，得不从乱，安抚使刘忠显公因命悉将其乡之兵。彦声设方略，明部伍，尽出家赀，激使用命者。有溃卒阻林莽，且数百人，彦声驰一马自往招之，皆感泣，愿效死。东阳当横溃中，而能独全不为盗区者，彦声之力也。"陆游口中的"盗发旁郡"指的是方腊起义①。宋徽宗沉迷奇花异石，在东南大肆搜刮珍宝，运至汴京，名为"花石纲"。北宋宣和二年（1120）十月，方腊率众揭竿而起，随即攻占清溪县。十二月，攻克睦州，三年春，婺州随之沦陷，"诸属邑先后从乱"。与方腊起义同时爆发的有越州仇道人（一作裘道人）起义，宣和三年（1121）三月，仇道人率部攻占婺州东阳县，起义军采用方腊"永乐"年号，以示听取方腊号令。方腊失败也与金华颇有干系，作为方腊起义军骨干之一的洪载，在攻打遂昌时，已与遂昌士绅间邱观暗中勾结。是时姚舜明通判婺州，《浙江通志·人物》"姚舜明"条写道："又贼帅洪载众四十万，据处州不下，舜明访得其母妻，令载所厚范渊往谕，载即解甲来降。"宋将刘光世率

---

① 编者注：在当时的历史语境下，方腊等农民起义的领导者被视为"盗"或"贼"，本书在引用史书与宗谱原文时，未做改动，遂此说明。

部趋衢、婺,起义军另一骨干郑彪没有洪载的支援,兵败被俘,方腊只能退兵帮源洞。宣和三年(1121)四月,方腊亦遭擒。八月二十四日,方腊被处死。金华人方勺《青溪寇轨》一书对方腊起事本末的记录颇值一读。在动乱中,陈宗誉能护佑一方百姓使之平安无虞,因此得到时人的称赞。陈氏宗谱中记载:"宣和间盗起,能忘家捐躯,为邑保障。四方贤士多往依焉。安抚使刘公欲官之,不受。"

　　宣和七年(1125)十月十七日,陆宰由寿春赴京师,中途泊船淮河岸。是日大风雨,陆游生。叶绍翁《四朝闻见录》谓陆游之名"盖母氏梦秦少游而生公,故以秦名为字而字其名",于北山认为此为妄言。虽然陆游《题陈伯予主簿所藏秦少游像》一诗有"晚生常恨不从公,忽拜英姿绘画中。妄欲步趋端有意,我名公字正相同"之语,但于北山以为这只是陆游的"一时兴到语",陆游的名字"其实乃本于《列子·仲尼第四》:'务外游,不知务内观。外游者求备于物,内观者取足于身。取足于身,游之至也;求备于物,游之不至也。'此虽细事,亦可觇其家世与道家思想之关系"[①]。北宋靖康元年(1126)四月八日,"直秘阁京西路转运副使陆宰落职,送吏部。以臣僚言,河阳郑州当兵马之冲,宰为漕臣,未尝过而问"。同年闰十一月,金人攻陷汴京。靖康二年(1127),"副元帅宗泽自大名至开德,与金人十三战,

---

①　于北山:《陆游年谱》,上海:上海古籍出版社,2006 年,第 3 页。

皆捷。提孤军入援京城,至卫南,大败金人,复遣兵过黄河袭金军,又败之",但终究于事无补,金兵已掳二帝、皇后及诸亲王妃嫔北迁。中原大乱,江南也不安宁,陆游在墓志铭中写道:"至建炎初,群盗四合,州县复以御贼事属彦声。方是时,所立尤壮伟,及论赏,则又固辞。"是时,陆宰正带着年幼的陆游"渡河沿汴,涉淮绝江,间关兵间以归"。陆游曾作《三山杜门作歌》追记之:"我生学步逢丧乱,家在中原厌奔窜。淮边夜闻贼马嘶,跳去不待鸡号旦。人怀一饼草间伏,往往经旬不炊爨。"

南宋建炎二年(1128)七月,东京留守开封尹宗泽卒,对宗泽极为钦慕的陆游曾作《感秋》来表达自己对宗泽的怀念,其诗云:"君不见昔时东都宗大尹,义感百万虎与狼。疾危尚念起击贼,大呼过河身已僵。"宗泽亡后,杜充继任东京留守,"充无意恢复,尽反泽所为",东京很快再次失守。自此,宋高宗一路向南,中原士族亦相随南逃。建炎四年(1130)春,晏殊曾孙晏敦复"避寇金塘(今舟山岱山)";陆宰亦"谋避之远游,而所在盗贼充斥,莫知所乡",幸亏东阳惟悟道人指点他,可以前往东阳,"同邑有陈彦声,名宗誉,其义可依,其勇可恃"。陆宰得闻陈宗誉两次御"贼"事,大喜过望,以为陈宗誉"是豪杰士,真可托死生者也",于是决定举家到磐安居住。陈氏宗谱载:"建炎初,群盗四合,公复出力捍寇,所立尤奇伟,郡邑以前功补承信郎,盱眙守复奏为沿淮巡检,终不赴。"建炎四年(1130),陆游一家避居磐安安文,陈宗誉"越百里来迎,旗帜精明,士伍不哗。既至,屋庐器用，无一不具者，家人如归焉"。跟陆游一家先后避居安文的还有晏敦复一家和龚茂良一家，秦桧为宰相时，晏敦复为吏部侍郎，尝谓"奸人相矣"。陆游在《老学庵笔记》中曾记晏敦复一趣事："晏尚书景初作一士大夫墓志，以示朱希真，希真曰：甚妙。但似欠四字耳，然不敢以告。景初苦问之，希真指'有文集十卷'字下曰：此处欠。又问：欠何字？曰：当增'不行于世'四字。晏遂增'藏于家'三字，实用希真意也。"可见晏敦复也是一个妙人。龚茂良为福建莆田人，金华人叶衡在南宋淳熙二年（1175）被罢相后，他以首参行相事。

陆游"甫抵东阳，会稽即遭金兵焚掠"，是以在《法云寺观音殿记》中，陆游写道："建炎庚戌（1130），胡虏之祸，（寺）亦以近官道，首废于火，一瓦不遗。"法云寺即在会稽城西门外八里许，距离陆游旧居不过咫尺，若是没有远游磐安的话，他们必会遭遇金兵，后果不堪设想。在安文旅居三年后，陆游方才回到绍兴。清同治九年（1870）重修的《安文陈氏宗谱》所录陆游的墓志铭则多出一段："予时才五六岁，抵今了了省当日事，至于彦声家安溪之大第，上塘之别业，芋区稻塍，鱼陂麦畦，桃李之蹊，犹能尽识其处也。如是居东阳四年乃归。"此恐怕为陈氏后人植入之语。离开安文时，陈宗誉"复出境钱别，泣下沾襟"。南宋绍兴十八年（1148）六月，陆游的父亲陆宰去世，念及陈宗誉当年的庇佑之恩，陆游道："已而先君捐馆舍，予兄弟游宦四方，念无以报之，每惕然不自安。"

二

南宋乾道元年（1165）三月，陈宗誉去世，享年七十四，葬于猿腾山之原（后迁至龙山路东之大塘山）。陈宗誉有遗言，让陆游为之铭。陆游写道："予闻彦声既得官，赴铨，离立庭中，吏操牍唱姓名，彦声大不乐，即日弃去。其自爱重，又有士大夫所愧者。则其得铭，亦不独以与之有雅素而已。"铭曰："乱能全其乡，功名非其愿也；富能燕其族，公侯非其羡也。一辱于铨吏，而掩耳疾走，终身弗见，则吾侪区区释耕而干禄者，非可贱也夫。"然而，重修的陈氏宗谱于此又添一段："士方流离奔窜，虽平生亲戚故旧，有不相收恤者矣，如彦声之义，岂可少哉。"可见陆游对陈宗誉义举的记颂并非虚饰。

陈宗誉妻子罗氏的墓志铭出自孝宗朝左丞相王淮之手，王淮时为左朝奉郎直敷文阁发遣福建路转运副使。其篆额则是苏辙曾孙苏谔的手笔，苏谔时为左朝奉郎权知韶州事主管学事。书丹者是郑伯熊，郑伯熊是温州永嘉人，是永嘉学派的先驱人物，时为奉议郎提举福建路常平茶事。王淮在墓志铭中称罗氏"侍内外亲无间，诲诸子无倦，多积不骄，多施不吝"，东阳罗氏家风如此之好，"故陈氏世胄以龚晏大族皆以为姻"。王淮又谓："盖建炎盗起，两家避至东阳，亲见其所为之善，是以雅契自合，非游谈结也。"罗氏卒于乾道三年（1167），享年七十有八，"距承节君之亡才三载，诗所谓偕老者欤"。王淮评价陈氏"家富而昌，身寿而康，子孙众而良，诚一乡之盛也"。三年以后，罗氏与陈宗誉合葬，四子陈怿乞铭于王淮。王淮认为韩愈为人作铭最多，唯独为妇人作铭不过五六，然而也只是"载其世系里居与夫之卒葬岁月而已"，对于妇人的淑行则因"妇职治内"而"固难述也"，是以王淮深觉为罗氏作铭是义不容辞之事。其铭曰："妇道治内，隐而愈辉。温恭淑慎，惟国之仪。乡邻是则，宗党是依。子孙孔多，将有奋飞。悬藤之原，松柏凄其。既附乃铭，式扬其微。"时在乾道六年(1170)冬十月。据陆游所作墓志铭，陈宗誉与罗氏育有六子，分别为恂、忱、恽、怿、憎、恪。"恂、忱皆吉州助教，怿成忠郎，新差监光化军在成都酒税。女一人，适贵州助教卢敏求。孙男二十二人：溥、泳、源、淮、汜、湜、深、潜、沿、澹、淳、浚、汲、溯、涓皆业进士，滋、汪、潭、凖、淇、涛、洋，尚幼。孙女二十人，适进士王宦、范庭艾、胡咏、保义郎路光祖、进士葛少伊、晏刚中、左迪功郎婺州武义尉应振。"真可谓"绵绵比瓜瓞"。然《安文陈氏宗谱·内纪系图》记载，陈宗誉仅有一子陈大恂，大恽、大憎、大怿皆系于陈宗显名下，可见陆游所记有失精准。

后来有关陈宗誉的记述，多本于陆游所作的墓志铭。明代应廷育《金华先民传》记载："宋，陈宗誉，字彦声，东阳人。宋宣和初，盗发睦郡，邑无赖，民有将应之者，宗誉力抚谕之，得不从乱。安抚使刘述古因命宗誉纠合义兵，以卫乡井，民用安堵。述古欲官之，辞。建炎初，群盗四起，宗誉复出力捍御，累立奇功,及论赏,又固辞。郡录其前后功次,奏补承信郎,转承节郎,盰眙守为沿边巡检,不赴,卒于家。"几乎就是对陆游文章的截取。明代文学家屠隆纵情诗酒,与陈宗誉的子孙多有交往,为陈氏一门所作像赞尤多。他为陈宗誉作《承节郎彦声公赞》,赞曰:

乃表篤贊登有戰功稍遷屯騎校尉直言不阿攤右
憚之隨諸葛恪征東大敗虓師遷左將軍孫峻征淮
南拜左護軍道病卒
宋陳宗譽字彦升東陽人宋宣和初盜發睦郡邑無
賴民有頭处者宗譽力撫諭之得不從亂安撫使劃
述古因命宗譽料合義兵以衞鄉井民用安堵述古
欲官之辭建炎初群盜四起宗譽復出力捍禦累立
奇功及輸賞又固辭郡錄其前後功次奏補承信郎
轉承節郎盰眙守為沿邊巡撿不赴卒於家

续金华丛书本《金华先民传》"陈宗誉"条

"好贤若渴,赴义如泉。率众弥盗,境土宴然。功成辞赏,风高鲁连。四方骚动,公乡安堵。名贤避难,咸即公所。聿来胥宇,厥有放翁。文酒累接,山泽游从。如汉伯鸾,依皋伯通。公牒图籍,焚燹震惊。来庋公处,帖帖以宁。千秋故里,安文是名。赴调抵部,非其所欲。谁也名公,飘然初服。凤而可笯,何异鸡鹜。"明代陈时芳(二十三世孙)在《枌榆杂志》中写道:"陆放翁在南宋称骚坛巨擘,寓居吾里山川,实生色焉。我明万历中,复以修家乘，借重赤水屠公，公才敏甚，顷刻千余言，未尝属草，既饶彩笔，复善临池，搦管挥毫，云烟满纸，其才视放翁堪伯仲，今吾家蓄公遗墨最富，亦族里佳事也。"足见屠隆与陈氏后人交谊甚深。

宗谱记载，乾道元年(1165)，陈亮受陈宗显幼子陈恽所请，为陈宗显作《彦光公墓志铭》。其谓："陈君彦光公，以其读书之余，凡山经地志、医卜方技之书，黄帝岐伯之所答问，吕才、郭璞之所论注，无不熟读而究切之。至弈棋亦入能品，动息自遂，与物无忤，从容暇豫人也。"又谓："甲辰(北宋宣和六年，即1124年)之旱，所在摇动，乡之郭君集义兵，以卫其境。彦光偕伯兄彦声，亦散家赀，募少年之有武勇者……叛者卒不能逞而止，以彦光之才，小小自见，以能如此。"陈亮以为陈宗显"才足以用世，而为乡之善士，非其命也，是其志也。山夷谷堙，而来者不坠，非其志也，固其义也"。陈宗显生于北宋元祐五年(1090)三月十八日，卒于南宋绍兴二十年(1150)二月初一日，葬在三十四都马隆山之原。然而此一墓志铭几乎全然移抄陈亮的《陈元嘉墓志铭》，陈元嘉却是缙云人。此外，值得一提的是陈宗誉的侄子陈大藻，庆元初以人材授化州文学，调潭州善化尉，南宋嘉定四年(1211)差权全州推官，转浏阳县丞，改宣义郎。苏辙曾孙苏谞应瑞山贡士陈得所请，为其父陈璹作《有山先生墓志铭》，陈璹即陈大藻长子。苏谞以为瑞山乡"其俗淳，其习儒、其执经专门者，陈氏著姓也。余闻其山之佳而瑞，喜其里之文，不远千里来游"。时在绍兴十三年(1143)三月十五日,此时,苏谔为左朝奉郎权知韶州军州事主管学事。

南宋德祐元年(1275)二月望日,迪功郎婺州路司户参军兼金厅权知东阳县事陈天瑞作《祭六义士文》,文曰:"惟东阳佳山水,英杰鼎鼎相望,达而在上者,以勋著天下,以节著一州。穷而在下者,以孝行一家,以义行一乡一邑……惟陈公宗誉、申屠公大防、陈公严、王公豪、孙公琛、杜公伯偘,并当宣和抢攘之际,忘家捐躯,为邑保障。壮胆劲气,雪严霜凛。奇筹伟烈,日辉星烂。用能剿妖魔、奸巨寇,遏趋乱之党,明胁从之辜,到今百有余年,富者、贫者、壮者、羸者、耕者、术者,随其分量饮食六义士之功,不啻雨露沾濡百谷,被其泽而不知。"陈宗誉与申屠大防、王豪诸人"在当时被丝纶之荣,在后世增图籍之光,而祀典未备,里人不思报",实为憾事。陈天瑞希望通过祭祀六义士使"人知思义士之功德并孝子之高风",从而出现"人物蔚兴,端不在昔贤之下"的盛况。

明代郑柏《金华贤达传》有"宋申屠大防陈宗誉传",记载如下:"申屠大防,东阳人,妙于枪法。宣和初,草寇窃发,挺身破贼,乡里赖之。帅阃檄权东阳县事,与薛帅约往永康收贼,大防先往,薛后期无援,大防战死。赠武经郎,三子邂、逖、廻,皆承信郎。"又载:"陈宗誉,字彦声,东阳人。宣和间盗起,安抚使命宗誉集民兵以卫乡井,民赖以安。欲官之,辞不受。建炎初,盗复起,尽力捍寇,所立尤奇伟,乃论赏,则又固辞。寇平,补承信

郎,终承节郎而卒。子六人,孙男女四十二人,子孙之盛,乡里
罕比云。"此后,安文陈氏自陈矗出,可谓"日辉星烂",陈氏家训
第一条"遵法"中明言"吾乡自斯士公以名臣光史册而列名仕籍
者,咸莫敢朘民自肥,故崇祯癸未(1643)之变,吾族丁壮数千,
无一人与焉,忠义声直彻遐迩。今后幸叨一命者,其各恪守官
箴,毋忝前烈",足见"忠爱至意"。

三

陈宗誉的侄子陈大忱以承事郎致仕,陈大忱生子陈世源,
陈世源生子陈矗。陈矗,字斯士,登淳熙八年(1181)进士,累官
国子博士升驾部郎。陈矗在《安文陈氏重修宗谱序》中写道:
"余族安文系出陈武帝后,隋兵入,子孙散处,唐季有尚书光忠
公者,避黄巢乱,由吴兴徙婺之永康枫山前。及子景平公,以父
荫授府尹,屡征不赴,构屋数百楹,著父遗书,与亲朋往还,远近
咸称为尚书堂,此其地以官名也。由景平公降及胜公,迁东阳
之惠化里,今名安文里者,因先人捍御功,邑中图籍藏焉,而易
名者也。"《安文陈氏宗谱》盖始自陈矗所修,后之修者"踵事增
华,一代更详一代,至明季春洲、蘋斋二先生出,起例发凡,典型
大备"。清人陈嘉瑞在嘉庆十一年(1806)重修本的跋中写道:
"本朝凡十五修,前则斯士公、士恩公为之穷源溯本,既已纲举
目张,后则春洲公、蘋斋公为之补缺删繁,无不条分缕析。"南宋
咸淳四年(1268),承节郎陈士恩(十一世孙)作《安文陈氏源流

序》,谓安文陈氏"六传为宗誉公,捍贼有功,授承节郎,邑六义士之一也。又三传国子监丞繡公,第进士,为东莱高弟。前后与时用者又二十七人",足见陈氏一族之兴盛。

嘉定十四年(1221)八月,宣教郎知镇江府丹徒县主管劝农公事的林楷作《云台宫讲大著作驾部郎斯士公行状》,林楷的祖父即林大中(字和叔,婺州永康人。官至南宋吏部尚书,端明殿学士、签书枢密院事),林大中与夫人徐氏仅育有一子林简,女七人,长适从事郎、新汀州州学教授陈繡。而林简娶胡氏,生三子,长子即林楷,算起来,陈繡是林楷的姑父。行状中道:"(陈繡)少从东莱吕先生游,经术贯穿,文章尔雅,为吕公所器重,我先祖正惠公闻其贤,遂以女归之。登淳熙辛丑(1181)进士第,枢使王公(当指王淮,是年,王淮任右丞相兼枢密院事)时以宗正丞为点检试卷官,得公之文,击节嘉叹曰:'欧阳不是过也!'寻升其卷,无异词,遂擢冠南宫,或谓公对策有桑榖共生之句,疑榖字居去声,欲黜之。王公曰:'吾自幼读书,此字与穀字同部,无他声也。宜魁而黜,无乃失士?'争不决,移文国子监,取陆德明《音义》考正之,果从公六①声,诸公咸大喜不失士,既而有白诸公者曰:'此文魁多士,诚无歉,或恐好事者指摘瑕疵,姑置诸行间,可乎?'诸公叹息,而从其说,公平生升沉之基,盖判于此矣。"陈繡中进士后,同年五月望日,他的叔祖陈大藻作《贺

---

① 编者注:宗谱中原文为"六",疑为"人"字之误。

侄孙斯士登第序》,以表达对陈黼的欣赏与寄望。"安文裔出颍川,家世至今数百余年,文物衣冠之所寓,风声气习之所渐,于是有游上庠、请漕选、领乡荐而对大廷者,而斯士又以妙龄振天步,风华懿美,目以为奇,孰曰不然。"陈大藻对其寄望尤高,希望陈黼能提振家风。"今者吾宗寝寝凋敝,或健讼是习,贫不能守而富者兼并,以至子弟不教而庇护其短,群小不惩而滋长其恶者有之,凡此数端,有志维风者思起而振之,每迫于无力,有所未能。今斯士不可谓无力矣,所贵固其本,养其正,益保其所自有之奇,复推其所养以振颓纲,起末俗正有赖于斯士也。"

黄宗羲《宋元学案·丽泽诸儒学案》,即列陈黼为吕祖谦门人,其中"著作陈先生黼"一条参考《东阳县志》编撰。"陈黼,字斯士,东阳人。少从吕东莱游,永康林大中闻其贤,妻以女,先生未尝倚为重也。淳熙八年(1181),登进士,不汲汲进取,以恬静自守。林欲召为枢密院,先生力辞。嘉定元年(1208),大中卒,乃迁国子博士、著作郎。凡三十年,偃蹇宦途,而不改其乐。后丐祠归,贫无室庐,僦居永康以终。"陈黼的岳父林大中登绍兴三十年(1160)进士第,《宋史》有传,道其"自少力学,趣向不凡",为人"清修寡欲,退然如不胜衣,及其遇事而发,凛乎不可犯"。韩侂胄死后,林大中试吏部尚书,上言为吕祖俭、彭龟年、朱熹等人优加旌表,并建议"其他因讥切侂胄以得罪者,望量其轻重而旌别之,以伸被罪者之冤"。陈黼不以此为倚重,以致宦途偃蹇,起初,"调明州鄞县主簿十年,将及代,丁宣教公忧。再

调南剑州剑浦县尉四年,始及代,剑俗犷悍,轻斗多杀伤,公具巡,张结保伍,令里正旬一申,有争斗殴不劝平者,坐其罪,民皆乐从,旧习顿革"。陈黼因"避本路新使嫌",易监庆元府清泉盐场盐官,"吏取食盐于亭户,公独置历给其直,参议楼宣献公(指南宋大臣楼钥,庆元中曾出知婺州)喜而谓公曰:'闻置历买食盐,清泉场遂为例矣。'前官以盐课不登不得去,吏欲请新钱于提举司,截日斛新盐。公谓旧钱既给亭户而盐不及数,此必吏与亭户相表里,核其实,尽得之……李公遗公书曰:'非公之敏,几堕吏计。交代宁有去期耶?'未几,正惠公知庆元府,遂避去"。楼钥与林大中交谊甚深,林大中死后,林楷等求楼钥为林大中作铭,是以楼钥作《签书枢密院事致仕赠资政殿学士正惠林公神道碑》,谓其"绍兴二十七年(1157)入太学,文行俱高,士论归重",所谓"公之论事根于忠实,上不求合于人主,下亦不避嫌怨,而爱君忧国,务存大体,毁誉皆有所试,抨弹无不耸服。在台首尾四年,最为称职"。楼钥以为林大中与司马光有着相近的特质,正所谓"其清如水,而澄之不已;其直如矢,而端之不止"。是以铭曰:"学以致身,政能及民。秉心无竞,掇皮皆真。具区灌河,赣石清涨。心与天通,动有阴相。谨终如始,视险若夷。非通非介,不磷不缁。遇事敢言,独立不惧。两贰天官,不合则去。号三不欺,蔼然吏师。四明之政,实亲见之。风声柏台,节著瑣闼。百谪横加,清声四达。"有岳父如斯,陈黼自然追步其后,恪守清雅之志了。

　　南宋开禧三年(1207),兵部侍郎章之光荐举陈藟,谓其"恬静之操,有足嘉尚";监察御史章士元同样荐举他,谓其"经明行修,器重识远"。陈藟却对林大中说:"某困踬固甚久,今一旦蒙拔擢,乃适值妇翁居政地。"直到林大中去世,陈藟无嫌可避,嘉定二年(1209)六月,差主管礼部架阁文字,他又以"得疾危甚,力请辞",一直到嘉定五年(1212)二月,陈藟始克供职,"人或乘间求阙,谓公病不能起,丞相(此期丞相为史弥远)不为之动,盖知公之贤而必欲其来也"。十一月,除国子录;嘉定六年(1213)闰九月,除太学博士;嘉定七年(1214)九月,除国子博士。嘉定八年(1215)五月大燠,《宋史·五行志》载:"草木枯槁,百泉皆竭,行都斛水百钱,江淮杯水数十钱,暍死者甚众。""五月庚申,大雩于圜丘,有事于岳、渎、海,至于八月乃雨。江、淮、浙、闽皆旱,建康、宁国府、衢、婺、温、台、明、徽、池、真、太平州、广德、兴国、南康、盱眙、安丰军为甚,行都百泉皆竭,淮甸亦然。"在这种情况下,陈藟借求雨一事上奏道:"祖宗立国,惟以深仁厚德,爱养天下,固结人心,故能祈天永命,传绪无穷。中间虽有水旱盗贼之虞而根本不摇,是岂富强之力、才智之术所能维持哉?所恃者,人心而已……本以待天下之才而独阨于孤寒,竭生民之膏血以养兵而终困于刻剥,奏谳之迂滞,狱讼之淹延,若此之类,未易枚举。人心抑郁,久而不伸,气之所感,上干阴阳之和者。非一日矣。"陈藟寄望宋宁宗能够"奋乾刚之断,广兼听之明,取群臣之奏,命大臣谨持而亟行之",希望以此使"下情得以上达,上泽得以下流。虽不必减膳彻乐,臣见人心悦而天意解矣"。六月,陈黬除国子监丞,轮对凡二疏,"其一历陈壅蔽谀悦苟且之弊;其二谓今日大计,荒政之外,莫急于边防,而边防之所急者,莫患于人心之未振"。嘉定九年(1216),陈黬除秘书郎,再轮对,首疏"乞严边防,固郡县之根本,立待敌之规模";次言"太史占天文或以次舍,或以日辰,言妖异之变多归于北,休祥之征多归于南,乞申严旧制,今后如有不据经文隐匿迁就者,委秘书省长贰觉察闻奏,庶几占候之法加严,仰副陛下钦崇天道之意"。十二月,兼魏宪王府教授。嘉定十年(1217)正月,除著作佐郎。嘉定十一年(1218)三月,兼权驾部郎官;六月,除著作郎,兼职依旧;九月,请辞,不允。嘉定十二年(1219)六月,申前请,未报。

林楷感慨陈黬的一生,可谓"宦途奇蹇,他人所无者,公多逢之。人不堪其忧,公不改其乐,盖知命之君子也"。陈黬"至老耽书,不事生产",林楷到杭州拜访,陈黬跟他商量"先人之敝庐,非易而新之不可居,然力不能及,子其假我数楹,归计决矣",林楷自然乐于效力。嘉定十三年(1220)六月十九日,陈黬"以疾终于永康之寓舍,享年六十有七。积阶至朝散郎,服绯鱼,遗泽及其后,文集凡二十卷藏于家。嘉定十五年(1222)二月,葬于县东三里东库山之阳。子一人,行可。女四人,适进士何谔、郭模、何诚之、国子学生胡用高。孙一人,佑。孙女二,皆在室"。明代文学家屠隆同样也为陈黬作《著作郎斯士公赞》,

赞曰："著作淹纬，经笥书簏。汉掩崔蔡，晋罩袁伏。及门伯恭，白眉高足。官班禁掖，家乃屡空。手惟一编，相如扬雄。我钦先喆，翛然其风。"陈时芳在《枌榆杂志》中写道："吾家理学一脉，当南宋时，驾部公曾游东莱先生之门，恬退廉介，文行兼优，大抵瓣香晦翁"，而"驾部郎斯士公为吾宗贤哲，一再传，遂无闻"。陈时芳感慨"尝间巨族欲依附名流，妄崇祀他人祖先于己庙中，岁时烝尝献享，甚无解，亦殊可嗤"。当初，"环惠化里而居者，皆吾陈氏，不啻多矣。其散处外都者，亦不下千余人……又甘溪亦有陈氏，非吾族也。传言其家，宋时颇殷盛，今寥寥十余人，盖有废乃有兴，惟盛德能百世祀耳。世德作求，予深有望于善继述者"，可知陈氏后人心心念念在于"绍承丕绪，永励精明"。

明人徐象梅《两浙名贤录》载"国子博士陈斯士黼"一条，其中写道："陈黼，字斯士，东阳人。少从吕东莱乘游，经术淹贯，文章尔雅。永康林大中闻其贤，以女妻之。登淳熙八年(1181)进士，恬静有守，以妇翁在政府，力辞擢用。大中薨，乃拜掌故之命，累迁国子博士，至著作郎，会台臣建议朝士不曾作邑者，不当遽典州郡，乞授参议官。黼遂乞祠归，贫无室庐，卒于永康寓舍，有文集二十卷。"清人戴殿江《金华理学粹编》所载"陈斯士"一条与徐象梅所述几乎完全一致，唯独文集误作为三十卷。

四

　　笔者以为《安文陈氏宗谱》尚有两篇序文值得一提，一篇是明洪武九年（1376）宋濂所作，宋濂读了陆游、苏谔等人为陈氏族人所作的墓志铭，感慨陈氏一门翘楚，"使王谢诸人见之，必且把臂入林，非家学渊源之盛、世济之美，何能得声称于名士大夫间若此哉？"另一篇则是晚明大儒刘宗周所作，刘宗周写道："若著作郎龋公，则从东莱吕先生游，南靖令伯良公则从潜溪宋先生游，文学猷公则当阳明子浮议沸腾时，倾心私淑，至先生挥麈如高阁钟声，群梦顿醒，其繇来者远矣。婺州向称小邹鲁，余于陈氏征焉。"当然，《安文陈氏宗谱》自然少不了屠隆的序，屠隆写道："有讳光忠者，从吴兴徙婺之永康，至其孙胜，又徙东阳之安文里。至宣和建炎间，宗誉起义兵御寇，保卫乡里，立功烈奇伟。弟宗让佐其兄靖乱，今阖族子姓，皆宗让裔也。"陈宗让，字彦逊，宗谱载宗让为人"沈涵机警，识量过人"，"弱冠与兄彦声居，偶以论事不协，逊居永康之道士坞。有天台僧法源，见而异之曰：'面有异纹如水字，生不能荣其身，后当荣其子孙也。'会彦声公与长衢郭氏有雀角之争，以白金五十两聘公申理，意解而原金封识宛然还之"。会方腊事起，婺州"寇势猖獗"，宗让多为宗誉参谋，"补益甚多"，所谓"乡邑赖以不扰者，皆公之力也"，可见"沈涵机警"诸语不谬。

　　陈氏宗谱中所载两道敕文也颇为有趣，其中一道为《国子监丞秘书郎兼魏宪王府教授陈黼敕》:"国子监丞秘书郎陈黼,厥惟教授,责专德义,辅导诸王,允宜慎选。尔经明行修,器重识远。久丞胄监,师模足法。继职秘书,裨益良多。特进尔阶,兼魏宪王府教授。尔当益厉乃心,讲明正学,启迪王衷。"该宗谱所载此一敕文后面有太傅平章军国重事左丞相史□□书的"敕后",时在绍定三年(1230)九月六日。"人之可必者,人也;而其所不可必者,天也。国子监丞陈公黼,从吕祖谦游,经术淹贯,文章典雅,以之冠多士,膺大用,夫谁曰不可?既而冠南宫,时或尼之而置行间,升沉之迹,淹淹数十年,历无四考而竟以郎官终其身,是非天耶?世之人尽而天不应,卒老于穷途者,无限如公,又不可谓不遇也。"陈氏后人虽然不书左丞相的名字,然此人为史弥远无疑。史弥远又道:"敕曰:'尔经明行修,器重识远。从丞胄监,师模足法;继职秘书,裨益良多。'虽不获大用,而受知于君父如此,其得于天者,果不可必乎,抑可必乎?"

另一道为淳熙十三年(1186)五月十五日所发的《国子监丞秘书郎黼进驾部郎中敕》,陈黼兼权驾部郎官是在嘉定十一年(1218),可见此敕文的时间是误植。敕文内容为:"惟驾部郎中陈黼,惟尔发身贤科,擢任黄门,荐历岁久,克有劳效。《书》曰:德懋懋官,功懋懋赏。……进尔阶爵为著作郎,汝当益励厥志,益修厥德……"史弥远亦有《题驾部郎中敕后》,与前一敕文所题的时间相同,从题记内容和叙述口吻来看,此一题记疑似陈氏后人托名之作。"朝廷之恩,如天之广,如地之厚。曾祖父之德,如山之高,如海之深。以吾一身之微渺焉,于天地山海之间,果何以酬之?驾部郎官之子,任儒林郎,字行可,托诸文字,传之后世,使知朝廷之恩如此,其广且厚也。曾祖父之德如此,其高且深也。庶几借此以彰显于悠久,而少伸寸草春晖、涓尘河岳之报耳。臣子忠孝大节将不于是而表见乎?婺之东阳陈公黼初由进士,除驾部郎中,以謇谔著声,寻擢转,授尚书职事,诘奸慝,刑暴乱,此其职也,而必以仁恕为心,朝廷嘉其贤能,又必推本于其曾祖父之贤。赠其曾祖宗誉,授紫金光禄大夫;赠其祖忱,授承事郎;赠其父源,授宣教郎;赠曾祖妣、考妣而陈公黼与其配均受褒封。"题记中以为"若陈公之祖以孝弟忠信、诗书礼乐训其子孙,公之父以德继德,亦以祖之所以训其子孙者,垂训后昆至于公,服膺斯训。所力学者,诗书礼乐之文;所力行者,孝弟忠信之道",是以陈氏一族能够显贵,正是基于"曾祖父之积德"与"己德之自修"。

陈宗誉和陈黼其实都不在意庙堂的看法,无论自身如何浮沉,都能坚守本心,始终如一,陆游《烧香》诗中那句"一寸丹心幸无愧"恰能概括他们的取舍之道。后世的陈氏子孙在人生起落之际,或许可以从这两位先贤身上汲取一些精神力量。

胸次徒劳万卷蟠

陆游与磐安

一

陆游和磐安的渊源极深,他曾三次到过磐安。最早的一次是在南宋建炎四年(1130),于北山《陆游年谱》记载,陆游的父亲陆宰"偕眷赴东阳山中避乱,地方武装首领陈宗誉殷勤款接。务观入乡校读书,约亦在此时期",同年,朱熹出生。陆游为陈宗誉所作墓志铭也曾追溯这段往事:"建炎四年,先君会稽公奉祠洞霄。属中原大乱,兵祓南及吴楚,谋避之

陆游像

远游,而所在盗贼充斥,莫知所乡。有惟悟道人者,东阳人,为先君言:同邑有陈彦声,名宗誉,其义可依,其勇可恃。……先君闻之大喜曰:'是豪杰士,真可托死生者也!'于是奉楚国太夫人间关适东阳。"在《家世旧闻》中,陆游再次追忆:"建炎之乱,先君避地东阳山中者三年,山中人至今怀思不忘。有祠堂,在安福寺。方先君之归也,尝有诗云:前身疑是此山僧,猿鹤相逢亦有情。珍重岭头风与月,百年常记老夫名。"《安文陈氏宗谱》

亦载有"小隐公（陆宰）建炎四年庚戌七月二十六日挈眷避地于家，至绍兴三年癸丑二月初八日乃还会稽"之语，此一日期最是详细。

安文之险要，只因其地青山四合，唯有一山口可供出入。唐乾符五年（878），黄巢挥师东进。八月，攻占杭州。九月，攻占越州。一路入闽七百里，攻占福建诸州。东阳文书案牍皆藏于安文得以幸存，只因此地"前屏后障，以山为城"，东临瑞山镜岩，南凭九峰云山，西依车慈元岭，北靠梅枝高岭，翠、玉、根三溪汇于此，可谓得天独厚。是以陆宰避居安文，不仅因为此地是清幽之境，而且也因为此地为平安之界。安文陈氏宗祠辟有一室，为"放翁读书堂"。盖陆游旅居安文，即在乡校读书。晚年，陆游作《斋中杂兴》（其六），所谓"琅琅诵诗书，尚记两髦髧。谁料七十年，沉滞终坎窞。炊突映茅庐，日暮烟惨惨。忍穷端已熟，抚事空自感。狂言悔噬脐，众訾惊破胆。尚有爱书心，还如嗜菖歜"。陆游的"爱书之心"既有家传，也离不开安文的助力。陆游又作《予素不工书故砚笔墨皆取具而已作诗自嘲》："我昔生兵间，淮洛靡安宅。髧髦入小学，童卯聚十百。先生依灵肘，教以兔园册。仅能记姓名，笔砚固不择。灶煤磨断瓦，荻管随手画。稍长游名场，粗若分菽麦。偶窥文房谱，虽慕无由获。笔惟可把握，墨取黑非白。砚得石即已，殆可供捣帛。从渠膏粱子，窃视笑哑哑。"《兔园册》是"乡校俚儒田夫牧子之所诵也"，其实就是安文私塾教授学童的课本，陆游回想当年自己与安文的孩子们一同入学的情景，竟有一种别样的意趣，这是最为难得的"天真"。

在古代中国，童年期最有标志性的年龄是八岁或十岁，陆游寓居磐安的时光正属于这一年龄段，对其一生颇具影响。《大戴礼记·保傅》把开学的年龄定在八岁，"古者年八岁而出就外舍，学小艺焉，履小节焉"，而"儒家规范下的儿童形象的产生可以说是基于一种目的论，即在传统政教意识下，儒家希望把儿童培养成有益于国家政治与教化的理想士大夫"①，陆游在磐安所受的小学教育，自然也离不开这样一个目的。陆游晚年有大量涉及与儿童游玩的戏作，如"不如扫尽书生事，闲伴儿童竹马嬉""箬笠芒鞋桥下路，儿童争逐放翁行"等，其所表现的"既不是成人看到的儿童的世界，也不是成人带着自身体验所回顾的童年记忆，而是成人以儿童的身份体验到的世界"，唤醒陆游这一"以儿童的身份体验到的世界"的主力，正是他在磐安度过的童年时光。

南宋绍兴元年（1131），宋高宗赵构在越州，此时的大宋江山可谓风雨飘摇，监察御史韩璜在奏章里写道："自江西至湖南，无问郡县与村落，极目灰烬，所至残破，十室九空。询其所以，皆缘金人未到而溃败之兵先之；金人既去而袭逐之师继至……官吏不务安集而更加刻剥，兵将所过纵暴而唯事

---

① 浅见洋二：《中国诗歌中的儿童与童年——从陶渊明到陆游、杨万里》，《人文中国学报》，2016年第1期，第26页。

诛求。嗷嗷之声，比比皆是，民心散畔，不绝如丝。"是年，陆游七岁，陆宰指鸟命赋，陆游对曰："穷达得非吾有命，吉凶谁谓汝前知。"宋代佚名所作的《爱日斋丛钞》以为陆氏"诗礼之泽深矣。世以颖悟早闻于时，亦盛事也"，于北山在《陆游年谱》中直言该书所引《家语》未可尽信，只不过以此推测陆游早慧也未尝不可。南宋以来，为服务于现实政治，朝廷逐渐追复元祐党人。绍兴元年，陆游的祖父陆佃被追复为资政殿学士，父亲陆宰也借改元之机得以恢复直秘阁的官衔。绍兴三年(1133)，陆游由磐安回到故乡山阴，其在《诗稿》卷六十六《杂兴》(第三)中写道："家本徙寿春，遭乱建炎初。南来避狂寇，乃复遇强胡。于时髧两髦，几不保头颅。乱定不敢归，三载东阳居。"

陆宰存世诗作极少，其中与磐安相关的就有三首，除陆游《家世旧闻》中所录那首诗外，尚有《题独秀亭》和《题安文山居》。独秀亭在独秀峰上，为陈宗誉等人所建，为安文四奇八景之一，元末只剩遗址。诗曰："突立晴空一柱巍，峥嵘宁与众山齐。俯窥尘界三千近，仰视云天咫尺低。欲陟危巅心尚壮，未临深壑眼先迷。君今卜策成幽隐，况复高门枕碧溪。"安文山居或许就在海螺山山麓，如今的磐安二中，校内原是安文陈氏宗祠。

二

陆游少年嗜学,每每读到深夜。他在《跋渊明集》中写道:"吾年十三四时,侍先少傅居城南小隐。偶见藤床上有渊明诗,因取读之,欣然会心。日且暮,家人呼食,读诗方乐,至夜,卒不就食。今思之,如数日前事也。庆元二年①,岁在乙卯,九月二十九日,山阴陆某务观书于三山龟堂。时年七十有一。"作家钟叔河以为这是他读过的写自己少时读书生活的文章中最好的一篇。十五岁,陆游为学颇慕吕本中,在钱基博看来,吕本中的诗"骨力坚卓,亦得法庭坚,妥帖自然过之,而才力高健不如,所以格较浑而语为弩",陆游作诗,也受到吕本中之影响,陆游的老师曾幾就认为陆游其诗,渊源出自吕本中。当然,陆氏家学原本深厚,从陆游的高祖陆轸到祖父陆佃、父亲陆宰,经学与文学造诣精深,陆佃曾参与修撰《神宗实录》《哲宗实录》,著有《埤雅》《尔雅新义》《陶山集》等,其诗七言最见风骨。陆宰则是与石公弼、诸葛行仁齐名的浙中三大藏书家之一,《嘉泰会稽志·藏书》载,绍兴十三年(1143),宋廷始建中兴秘府于临安,诏求天下遗书,陆宰献书一万三千多卷,是当时向朝廷献书最多的藏书家。陆游受此影响,所谓"有酒一樽聊自适,藏书万卷未为贫"。绍兴十年(1140),陆游以荫补登仕郎资格至临安参加"春

---

① 编者注:"二年"或为"元年"之误。

铨"考试,他与金华范浚之子范元卿等人皆同场屋,相交莫逆。绍兴十八年(1148)六月,陆宰去世,不久,陆游的叔父陆宲也去世。陆游在《烟波即事》中自注道:"绍兴间,自剡中入天台,始有放浪山水之兴。"绍兴二十四年(1154),陆游"试礼部,锁厅荐送第一,以论恢复而语触秦桧,复为秦氏所黜落"。其八十二岁所作的《记梦》一诗就对这股由少年激扬至老年的爱国激情做了表露。"少日飞扬翰墨场,忆曾上疏动高皇。宁知老作功名梦,十万全装入晋阳。"绍兴二十八年(1158)八月,金华人王师心"来为绍兴守,对务观颇加礼遇"。

陆游第二次到磐安是在绍兴三十年(1160),他从福州北归,过永嘉,经丽水、括苍、东阳,回到山阴。其间,陆游作《东阳观酴醾》:"福州正月把离杯,已见酴醾压架开。吴地春寒花渐晚,北归一路摘香来。"又作《东阳道中》:"风敧乌帽送轻寒,雨点春衫作碎斑。小吏知人当著句,先安笔砚对溪山。"是年五月,陆游与徐履并为敕令所删定官,其《除删定官谢丞相启》中道:"某

陆游所作《陈君墓志铭》

独学寡闻,倦游不遂。澜翻记诵,愧口耳之徒劳;跌宕文辞,顾雕虫而自笑。"此时,陆游"系官都下,职事多闲,风雨芸窗,友朋颇广",他跟周必大交谊笃厚,所谓"淡交如水,久而不坏。各谓知心,绝出流辈"。南宋乾道元年(1165),陆游已经过了不惑之年。三月,陈宗誉去世,享年七十四岁。次年,陈宗誉之子陈愔(据宗谱载,陈愔应为陈宗誉侄子)至山阴访陆游,请陆游为其父作墓志铭,陆游这才知晓陈宗誉去世一事。念及磐安往事,陆游忆道:"已而先君捐馆舍,予兄弟游宦四方,念无以报之,每恻然不自安……是盖尝有德于予家者,义不可辞。"

南宋绍熙五年(1194),宋孝宗去世,陆游则已七十高龄,"慨念山河未复,胡尘暗天"。十月,东阳饷酒至,《霜夜》(第二)中道:"更唤东阳曲道士,与君霜夜策奇勋。"南宋庆元元年(1195),东阳士子吕友德来从陆游问学,此时,陆游"屏居镜湖上",陆游以为吕友德"论议文辞,皆有源流,而衣冠进趋甚伟",用不了一年"必过予,过必见其进",陆游感慨"老病谢客,无贵贱,多不能接,独友德来,欣然倒屣,不知疾痛之在体也"。次年,杜陵去世。杜陵有五个儿子,伯高、仲高、叔高、季高、幼高,世称"杜氏五高"。陆游与伯高、仲高、叔高皆有交集,杜陵去世后,陆游作《哭杜府君》,杜府君即杜陵,其中就称赞了陆游曾交往过的"三高"之俊才。诗曰:"叔高初过我,风度何玉立,超然众客中,可慕不待揖。入都多宾友,伯高数来集,质如琼璧润,气等芝兰袭。晚乃过仲高,午日晒行笠,匆匆遽别去,怅望空怏悒。有如此三高，青紫何足拾。岂无知之者，相视莫维萦。穷鱼虽相悯，可愧吐微湿。亦知尊公贤，何止盖乡邑。向风每拳拳，识面真汲汲。秋风忽闻讣，执书叹以泣。造门不自决，追悔今何及！又闻著书富，手泽溢巾笈。哀毁要无益，遗稿勤缀缉。"

庆元三年（1197）秋，吕友德寄诗至。陆游作《次吕子益韵》："吕子奇才非复常，诗来起我醉中狂。大音谁和阳春曲？真色一空时世妆。东阁献谀无辙迹，西湖寄傲有杯觞。病怀正待君湔祓，墨妙时须寄数行。"次年七月，陆游念及早已去世的王师心，作《王与道尚书挽词》："朗朗百间屋，汪汪千顷陂。直能彰主圣，清不愿人知。许国多艰日，逢辰独断时。人犹望霖雨，殄瘁不胜悲。"八月，吕友德母亲陈氏去世，陆游十月收到讣告，作《夫人陈氏墓志铭》，"乃按从事郎陈君黼状，序次为铭"。陆游认为陈氏处事果决明断，对吕家助益颇多。他在墓志铭中记道："吕氏之兴，夫人之助为多。处事明果，虽吕君有不能回者。诸子献疑，亦坚守初意不为变，曰：'后

刻此銘俟卜吉

夫人陳氏墓誌銘

紹熙慶元之間子以故史官屏居鏡湖上有東陽進士吕友德自太學來與子遊問學論議文辭皆有源流而衣冠進趨甚偉子固異之訪於東陽人則曰是清潭吕君紹義之子吕君蓋賢有德而其配陳夫人又賢生三子孟則友德仲定夫季友之孟固奇士仲季亦有聲學校場屋

陆游所作《夫人陈氏墓志铭》

当如是。'及事定,一如夫人言,人人叹服。"因此,陆游称赞陈氏"虽古贤妇,殆无以加"。眼看身边的故朋亲友逐渐凋零,陆游的无常之感也与日俱增。

据磐安当地流传的说法,陆游第三次到磐安或在庆元年间,陆游此来是为避庆元党禁之祸。庆元党禁起源于韩侂胄与赵汝愚的权争,朱熹首当其冲,伪学之禁不断升级,至庆元三年(1197)十二月,伪学逆党籍名单出炉,入籍者五十九人,其中并没有陆游,倒是永康人林大中以及婺州进士吕祖泰赫然在列。庆元六年(1200)八月,宋光宗去世。九月,吕祖泰上书,请诛韩侂胄,"杖一百,配钦州牢城"。此时,陆游身在山阴,"贫甚,卖去常用酒杯,作诗自戏云:'银杯羽化不须叹,多钱使人生窟郎。'"可见他并没有远游之举。这种说法所据只是安文一位先人的《九峰草堂札记》,以为陆游先是住在海螺,为了避免韩侂胄党羽发现,又避居安文的小竹岗。札记中还说陆游的名作《游山西村》即为磐安所作,不过,因为这部札记是手稿,是以《游山西村》是否描写安文尚需考究。一般认为,《游山西村》是陆游于乾道三年(1167)春天所作,此时,他因"交结台谏,鼓唱是非,力说张浚用兵"的罪名被弹劾,回到山阴镜湖一带居住,山西村则是镜湖附近三山旁边的一个小村庄。虽然此情此景也符合磐安的风土人情,说陆游心中念及磐安也无可厚非;不过,若是庆元年间,陆游即使有出游之心,鉴于其年事已高,恐怕也难以成行。

三

陆游若是真的曾三到磐安,那么第三次最有可能是在淳熙六年(1179)冬。此时,他的好友韩元吉再次出守婺州,陆游作《婺州州宅极目亭》:"尚书曳履上星辰,小为东阳作主人。朱阁凌空云缥缈,青山绕郭玉嶙峋。似闻旋教新歌舞,且慰重临旧吏民。莫倚阑干西北角,即今河洛尚沙尘。"《陆游年谱》记载:"(陆游)自建州赴行在,路出金华,与元吉相晤,赋极目亭诗;元吉适重建此亭,《极目亭诗集序》:婺之牙城东南隅,有亭,才数椽。……予再为婺之明年,值岁丰少事,乃辟而新焉。其规制不能侈大,颇与其地为称。于是来登者酒酣欢甚,往往赋诗或歌词,自见一时巨公长者及乡评之彦与经从贤士大夫也……淳熙六年十二月颍川韩某记。"韩元吉曾作《重建极目亭》:"曲阑十里画屏开,气压凌歊百仞台。不尽溪光空外见,无穷山色望中来。旋规北槛栽新竹,更辟东窗对野梅。老子兴来真不浅,清秋忍负十分杯。"此次相会,韩元吉亦有赠诗《陆务观赴阙经从留饮》:"溪岸风高霜作棱,杯盘草草对青灯。已甘盐菜待梁柳,况有酒浆延杜陵。岁晚鬓毛纷似雪,天寒门巷冷于冰。春风稳送金闺步,看蹑鳌山最上层。"①

是年秋,陆游奉诏离建安任,途经武夷,泛舟九曲溪。又至

---

① 于北山:《陆游年谱》,上海:上海古籍出版社,2006年,第252页。

玉山县（隶属于今江西省上饶市），游南楼、玉壶亭，"途中奏乞奉祠，留衢州皇华馆待命"。九、十月间，陆游至婺州访韩元吉，后又与毛适同游柯山，观王质烂柯遗迹。此后，陆游得旨，改除朝请郎提举江南西路常平茶盐公事，赴任途中，赋有《弋阳道中遇大雪》等诗，十二月到抚州任上。可知，陆游在金、衢盘桓的时日大抵有数月之久。《叶相最高亭》亦作于此时："高亭新筑冠鳌峰，眼力超然信不同。肤寸油云泽天下，大千沙界纳胸中。春游到处群花拥，夜宴欢时百榼空。刘白老来忘世味，只思诗酒伴裴公。"叶相即叶衡，字梦锡，婺州金华人，绍兴十八年（1148）进士，淳熙元年（1174），叶衡自朝散大夫户部尚书除端明殿学士，累迁右丞相兼枢密使。在叶衡升右丞相前，陆游曾作《鹧鸪天·送叶梦锡》："家住东吴近帝乡。平生豪举少年场。十千沽酒青楼上，百万呼卢锦瑟傍。　身易老，恨难忘。尊前赢得是凄凉。君归为报京华旧，一事无成两鬓霜。"只不过陆游没想到叶衡的抱负也没有尽展之时，淳熙三年（1176），叶衡为汤邦彦所谮，"即日罢相，责授安德军节度副使，郴州安置"。汤邦彦则被任命为申议国信使，出使金朝，求还河南之地，后无功而返，被宋孝宗流放岭南，叶衡得以恢复官位和祠禄，任意居住。可见，陆游在婺州，与叶衡、韩元吉经常一起饮酒赋诗。是年婺州"岁丰少事"，若说陆游的《游山西村》为此时出游磐安之作，倒也在情理之中。淳熙十年（1183），叶衡去世。叶衡晚年在婺州的生活，岳珂《桯史》中的一则短文《金华士人滑稽》有所描述，其中写道："叶丞相衡罢相，归金华里居，不复问时事，但召布衣交，日饮亡何。一日，觉意中忽忽不怡，问诸客曰：'某且死，所恨未知死后佳否耳！'一士人在下坐，作而对曰：'佳甚！'丞相惊顾，问：'何以知之？'曰：'使死而不佳，死者皆逃归矣。一死不反，是以知其佳也。'满坐皆笑，明年，丞相竟不起。"只不知当时在座的诸客之中有没有陆游。

　　淳熙十六年（1189），陆游寓居杭州砖街巷。此时的杭州已经是江南最大城市，然"朝野爱国忧民之士，则投闲置散，壮志不伸"。是年冬，陆游作《次韵和杨伯子主簿见赠》，阐述了自己的作诗理论，其中提到杜伯高与程文若，并自注与二人关系最好。"文章最忌百家衣，火龙黼黻世不知。谁能养气塞天地，吐出自足成虹霓。渡江诸贤骨已朽，老夫亦将正丘首。杜郎苦瘦帽屡耸，程子久贫衣露肘。"陆游以诗歌表露抗金之志，锋芒毕露，为主和派所嫉恨，是年十一月，遭谏议大夫何澹弹劾，该月二十八日被罢官，后返回故乡山阴，读书、赋诗以自适，仍不减恢复中原之志。

　　东阳郭德谊于绍兴十八年（1148）创建石洞书院，建造馆舍三十余间，延请永嘉学派的叶適主石洞师席，陆游、吕祖谦、陈傅良等先后往来其间。庆元四年（1198），朱熹第四次客居石洞，亲书"石洞之门"，镌于书院东北石壁。郭德谊去世，朱熹为他作墓志铭。其铭曰："才百夫之特，而身不阶于一命；志四方之远，而行不出乎一乡。然而子弟服师儒之训，州闾识孙弟之方。霍然其变豪杰之窟,焕乎其辟礼义之场。是则其思,百世而长。勿替绳之,有永弥昌。"在《石洞书院记》中,叶适称赞郭德谊"以学易游,而不以物乐厚其身;以众合独,而不以地胜私其家"。南宋绍熙二年(1191)正月二十三日,陆游作《跋郭德谊墓志铭》,谓:"仲晦先生识郭公墓,或恨其太简。然吾夫子铭季札曰:'呜呼! 有吴延陵季子之墓。'才十字耳,至今传以为宝。彼卖菜求益之论,可付一叹。"又谓:"德谊之名,固自不朽,然吾元晦为斯人计亦至矣。岂希吕兄弟孝爱笃至,有以发之邪?"同日,陆游又作《跋郭德谊书》,回想磐安时光:"予童子时,尝避兵东阳山中,距今六十年。予长德谊三岁,计其年,可以相从而不及也。观此遗墨,为之太息。"

郭德谊与磐安也有一种奇妙的因缘。磐安最为有名的特产是"蜂儿榧",郭德谊即是那时的种植大户。《宋诗纪事》收录东阳诗人何坦的《乞蜂儿榧于郭德谊二首》,其一云:"味甘宣郡蜂雏蜜,韵胜雍城骆乳酥。一点生春流齿颊,十年飞梦绕江湖。"苏东坡亦有《送郑户曹赋席上果得榧子》一诗,诗云:"彼美玉山果,粲为金盘实。瘴雾脱蛮溪,清樽奉佳客。客行何以赠? 一语当加璧。祝君如此果,德膏以自泽。"其中提到的玉山果即磐安的蜂儿榧。

绍熙三年(1192)冬,郭德谊之子郭希吕开始每年给陆游寄石洞酒,陆游作《谢郭希吕送石洞酒》:"从事今朝真到齐,春和盎盎却秋凄。色如夷甫玉说麈尾,价敌茂陵金裹蹄。瑞露颇疑名太过,囊泉犹恨韵差低。山园雪后梅花动,一樏常须手自携。"是年,陆游又作《饮酒》:"六十四民安在哉?千八百国俱烟埃。世人一沤寄巨海,对酒不醉吁可哀!平生清狂今白首,芒屦布裘称野叟。晨兴窗几网蛛丝,石洞书来饷名酒。看月直到月无时,寻花直到花片飞。醉中往往花压帽,邻里聚看湖边归。先生两耳不须洗,利名不到先生耳。狂歌起舞君勿嘲,青山白云终醉死。"或许石洞酒实在太好喝,陆游得以一浇心中块垒,故长歌咏叹,遣兴抒怀。

四

南宋嘉泰二年(1202)春,陆游在山阴,作《杜叔高秀才雨雪中相过留一宿而别口诵此诗送之》:"久客方知行路难,关山无际水漫漫。风吹欲倒孤城远,雪落如筵野寺寒。暮挈衣囊投土室,晨沽村酒挂驴鞍。文章一字无人识,胸次徒劳万卷蟠。"五月,朝廷以孝宗、光宗两朝实录及三朝国史未就,诏起陆游为提举佑神观、权同修国史、实录院同修撰,如此,陆游也跟祖父陆佃一样走上了修撰实录的道路。该年六月,杜仲高作《陆务观赴召》:"四海文章陆放翁,百年渔钓两龟蒙。数开天地吾何与,老作《春秋》道未穷。李耳守官逾二代,张苍职史到三公。坐令嘉泰追周汉,此是君王第一功。"是年冬,陆游身在临安,念及杜氏兄弟,又作《独坐有怀杜伯高》:"画桥通小市,深院欲黄昏。爱月先移烛,留香每闭门。李侯有佳句,乐令善清言。老病贪措枕，何由共一樽？"闰十二月二十五日，陆游应曾幾之孙曾栗所请，作《婺州稽古阁记》："阁之后有仰高堂，旧祠资政宗公泽、尚书梅公执礼、中书舍人潘公良贵，三公皆郡人，有忠义大节，而祠庳陋，且弗葺。曾公彻而大之，始奕奕与阁称。"陆游认为"学而不亲见圣人，犹未学也；亲见不疑而不用于天下，则有命焉。进则不负所学，退则安吾命而无愠，斯可仰称大观诏书，与贤守复阁之意矣"，此可谓陆游一生行事的原则。嘉泰三年（1203）十月二十九日，陆游应金华山智者广福禅寺住持仲玘以及宁远军节度使姜特立所请，作《智者寺兴造记》，记颂了仲玘的贡献："玘之来，百役皆作，修廊杰阁，虚堂广殿，至于栖众养老之室，庖湢帑庾之所，缭为垣墙，引为道路，莫不美于观而便于事。"同日，陆游念及故人，又作《跋范元卿舍人书陈公实长短句后》："绍兴庚申、辛酉间，予年十六七，与公实游。时予从兄伯山、仲高、叶晦叔、范元卿皆同场屋，六人者盖莫逆也。公实谓予'小陆兄'。后六十余年，五人皆已隔存殁。予年七十九，而公实郎君居字伯广者出此轴，恍然如与公实、元卿联杖屦、均茵凭也。为之太息弥日，因识其末。虽然，使死而有知，吾六人者安知不复相从如绍兴间乎？会当相与挈手一笑，尚何叹！嘉泰癸亥十月二十九日，笠泽钓叟陆某书。"

在韩侂胄的主持下，南宋开禧二年（1206）五月，朝廷正式下诏北伐。辛弃疾与陆游都很振奋，辛弃疾作《六州歌头》（西湖万顷）称颂韩侂胄的功业。陆游则在诗中写道："中原蝗旱胡运衰,王师北伐方传诏。一闻战鼓意气生,犹能为国平燕赵。"
此外,陆游曾于庆元二年(1196)秋作《题韩运盐竹隐堂绝句三
首》,韩运盐即韩茂卿,是韩侂胄的族孙辈。庆元五年(1199),
陆游又为韩侂胄作《南园记》,引来朱熹的不满。关于陆游作此
记的原因,历代学者说法不一。其中或许有陆、韩两家世代交
好之原因,陆游有《江东韩漕晞道寄杨廷秀所赠诗来,求同赋,
作此寄之》一诗,韩晞道亦是韩侂胄的族孙,陆游在诗中表达了
对韩晞道的寄望,诗中还有"顾怜通家略贵贱,劳问教诲均儿
童"之语,似可作为陆、韩世家交好的佐证。因此,陆游因韩侂
胄党羽避居安文的说法恐怕有些一厢情愿。庆元六年(1200)
三月,朱熹卒于武夷山,陆游作《祭朱元晦侍讲文》,直言自己有
"捐百身起九原之心",有"倾长河注东海之泪",此时党禁未开,
陆游亦不惧。

北伐伊始,陆游跟磐安的交集,或许又因吕友德等人变得
密切起来。开禧三年(1207),陆游已经八十三岁,应吕友德所
请,为东阳陈德高作《东阳陈君义庄记》,以为"若推上世之心,
爱其子孙,欲使之衣食给足,婚嫁以时,欲使之为士,而不欲使
之流为工商,降为皂隶,去为浮图、老子之徒,则一也。死而有
知,岂以远而忘之哉!义庄之设,盖基于是","陈氏布衣也,其
赀产非能绝出一乡之上,而义倡于乡如此"。同年夏,陆游次子
陆子龙调官东阳丞,四子陆子坦调任彭泽丞。陆游作《示二
子》,以自身处世经验教其子:"岂不怀荣畏友朋,一生凛凛蹈春

冰。任真虽笑拘边幅,达节宁容出准绳。自喜残年如白传,更怜诸子慕崔丞。耄期尚有江湖兴,顽健人言见未曾。"南宋嘉定元年(1208)十月,陆游又有《初冬杂咏》(其二),记录了在古寿和东阳的孩子的近况:"古寿书来言得婿,东阳人到报生孙。一家三处俱强健,且拨闲愁近酒尊。"十一月,郭希吕、吕友德又给陆游寄石洞酒,陆游作《东阳郭希吕吕子益送酒》:"山崦寻香得早梅,园丁又报水仙开。独醒坐看儿孙醉,虚负东阳酒担来。"去年六月,陆游没有收到两人馈酒,彼时所赋《龟堂》中尚有"东阳醇酎无由到,知负今年几碧筒"之句。

年纪越大,陆游对故人往事的怀思之情越深,这也大抵根植于他在磐安度过的童年时光,越到晚年,儿时的回忆就越显得美好。嘉定二年(1209)冬,陆游在山阴去世,临终绝笔诗《示儿》仍不消北复之志,"王师北定中原日,家祭无忘告乃翁"。可惜南宋之师永无北定之日,拳拳爱国之情萦绕诗中,留待后人告慰。

赖尔诗书遂满门

南里王氏索隐

一

　　宋代地理学家王象之的一生几乎都隐藏在迷雾之中,哪怕是那部惊世巨著《舆地纪胜》也无法使其面目清晰浮现。王象之的父亲王师古以及他的兄长王谦之、王益之、王观之,同样如此,整个南里王氏都氤氲在历史画卷之中,徒增神秘。而由唐入宋,王氏的贡献从未停止,只是他们就像一条改道的河流,逐渐从历史地表潜入历史深处。追溯其根源,就要从吴宁南里王氏始祖——唐代王明说起。

　　王明,字克允,号敬庵,"世家富裕,心性不恋赀产,治经惟史,玩求理道,绝名利场,日耽吟味",王明与陈仁荣一同拜访徙居磐安山泽的陈仁宠,陈仁宠是陈仁荣的从兄,王明由此视磐安为"乐土",随后迁居王村,时在唐贞观十年(636)九月。王氏一脉至宋,衍为大族,据《南里王氏宗谱》载,王华、王世南、王豪三兄弟均为王明十世孙,皆一时之选。王华,字邦敛,号宝池,"贯通理趣,优游道义之场,敦叙伦彝之教。应孝廉科,策冠场,授大理寺职"。王世南,字邦道,号印池,"雍熙四年(987),陆贼窃发,公率义兵讨平之,授保义郎"。王豪,字邦迈,号凤池,"祥符间,乡多陆寇,率众捍之。严保伍法,邻邑亦赖以安。连帅闻其才优文武,俾摄县事,吏治民安。未几,檄为泗州都巡检使,声名日盛……授达州刺史,士民悦服。至仁宗明道二年(1033)谢政,州民失所依。归家益明圣学,老而愈勤"。

王氏宗谱载，王豪生王渊，王渊生王思杞，王思杞即王象之父亲王师古。"(王师古)讳思杞，字於采，号思宇，生于甲寅(即南宋绍兴四年，1134)二月初十，卒于壬午(南宋嘉定十五年，即1222年)六月。娶葛太师孙女，生卒缺，合葬五家山金校(当为"交")椅。生五子：炳、奕、焊、熹、烘。二女：长适兹窑蔡仲祥，

民国三十七年重修本《南里王氏宗谱》

次适林泽周廷用。"然而，有关王师古更早的记录，则是元人吴师道的《敬乡录》，吴师道是婺州兰溪人，采金华一郡人物言行撰成此书，其人以道学自任，晚年益精于学，他所采写的有关王师古的条目虽有杂糅，然可信度总比晚出的宗谱要强。其中如是写道："王师古，字唐卿，金华人。绍兴甲戌(1154)进士，尝为南剑州学教授，刊《龟山遗书》。守九江，建拙堂于濂溪祠侧。历仕州县皆有治绩。除广东提点刑狱，卒。有文集及《资治通鉴集义》八十卷。吕忠公志墓。子谦之、恭之、益之、观之、有之(当为象之)、涣之、节之。"又"王谦之，字吉甫，淳熙甲辰(1184)进士"，

又"王益之,字行父,淳熙丁未(1187)进士,仕至大理司直,著《职源》五十卷,西山真公读书之说,屡引其端",又"王象之,字(仪父),庆元丙辰(1196)进士,博学多识,著《舆地纪胜》"。吴师道所记与宗谱所记恰可相互补充,(万历)《金华府志》"王师古"条、明人郑柏《金华贤达传·宋王师古传》以及清人王梓材《宋元学案补遗·王先生师古》皆出自吴师道所记。

此外,我们可以从各地的方志中追溯王师古的踪迹,(成化)《处州府志》"王师古"一条载:"王师古,字唐卿,婺之金华人。政尚仁厚,抚字以恩,鞭扑不轻施,有争讼者,率以柔辞劝谕,其或罹于重典,务从末减,不以深刻为能,百姓咸服。"又,(雍正)《处州府志》定王师古为"隆兴间令",隆兴为宋孝宗第一个年号,此时出任青田县令的王师古已过而立之年。(雍正)《青田县志》"王万全"一条又载:"(王万全)慕王师古治行,守而弗失,其子孙通显,亦与师古埒焉。"可见,王师古的治绩足以令人铭记。(乾隆)《福建通志》载,乾道间(1165—1173),王师古调任南剑州教授。(嘉靖)《江阴县志》载,承议郎王师古于淳熙十一年(1184)知江阴军,武德郎赵不违于淳熙十二年(1185)接任。然而《宋会要辑稿·食货六十九》中写道:"(淳熙)八年(1181)闰三月十七日,知江阴军王师古言经界版籍图账,历时寝久,令宰不职,奸胥豪民,恶其害己,阴坏其籍。间有稍存处,类不藏于公家而散在私室,出入增损,率多诈伪。"(嘉靖)《江阴县志》载,淳熙七年(1180)知江阴军的是浙江四明人楼锷,后于淳熙九年(1182)由史渊接任,王师古所论"经界版籍图帐"当在淳熙八年之后。《宋会要》记载或许有误。南宋实行经界的目的,自然是增加税收,"南宋最高统治者既然要缓和内部矛盾,要对农民和中小地主做一点让步,那就不能不给大土地所有者的免税特权一点限制。但同时,南宋政权本身又是大土地所有者的政权,政权的性质又决定了这一政策的实行不可能彻底,不可能没有包容舞弊的事情发生,也不可能保证经界的成绩能够长久保持下去……自经界完全结束到淳熙八年不过二十年,经界时的图册已经大部散失,即有存在的,也经改窜,不复与实际情况相符,到这时,经界可说已破坏无遗了"①。

宗谱载王师古娶葛太师孙女,此葛太师并非东阳葛洪,葛洪为吕祖谦学生,卒于嘉熙元年(1237),其孙女不可能嫁给王师古。其中提到的"葛太师"或为江阴葛胜仲,虽然葛胜仲以左宣奉大夫致仕,但他的孙子葛邲历仕孝宗、光宗和宁宗三朝,更是光宗朝的一朝宰相,葛胜仲或因此得以被人称作"葛太师"。另外,王师古的兄弟王思梓,字於恭,娶横塘葛氏。横塘葛氏或为东阳葛氏的一支,东阳葛氏始自唐人葛殷覆宦游东阳定居泮水之南,经六世,析为上城、槐堂、横池、葛府、双牌、横溪六派,其中,南宋参知政事葛洪于仁寿乡所建之葛府,为南宋东阳五府之一。后来王象之的妻子亦为葛氏,足见南里王氏与江阴葛

---

① 华山:《南宋统治阶级分割地租的斗争——经界法和公田法》,《宋史论集》,济南:齐鲁书社,1982年,第204—205页。

氏、东阳葛氏皆有千丝万缕的关系。

南宋绍熙初年(1190),王师古知江州。王象之《舆地纪胜》卷三十江州古迹门"濂溪书院"载:"后百余年,象之先君子守九江,为建拙堂及爱莲堂于祠之侧。又其后,象之季兄观之为德化宰,新造祠宇、书院、讲堂,为屋数十间,效白鹿书院例,招致名儒以为堂长,诸县举秀民以为生员,仍置田租以赡之,至今不废。"绍熙四年(1193),王师古转任广东提刑,楼钥《知江州王师古广东提刑知吉州胡长卿广西提刑制》:"敕具官某等:国家分道遣使,以祥刑为重,岭海之远,尤难于择人。尔师古奏浔阳之课,尔长卿报庐陵之政,俱以儒雅饰吏,践扬岁久,授之轺传,其必能为朕审用刑章,平反庶狱,使百城之民自以为不冤,亦惟休哉!"①

宋人丁昇之辑录的《婚礼新编校注》中"许亲"一门收录了张从道的《代婺州郭彦明答王唐卿》:"载缵前规,应有一快之觅;仰瞻名阀,无如诸少之佳。矧振家声,复收科第。属行人之通问,知君子之好逑。事岂偶然,幸连辉于桑梓;卜云其吉,宜永缔于丝萝。"生于两宋之际的陈渊(1067—1145)有《次韵张从道三首》,可知张从道为陈渊同时人物,那么张从道提到的婺州郭彦明也就是东阳郭彦明。陈亮在《东阳郭德麟哀辞》中写道:"往时东阳郭彦明徒手能致家资巨万,服役至数千人,又能使其

———————————

① 楼钥:《知江州王师古广东提刑知吉州胡长卿广西提刑制》,《全宋文》(第262册),合肥:安徽教育出版社,2006年,第263页。

姓名闻十数郡。此其智必有过人者,余不及识,而识其子德麟。”郭彦明与陈亮之间并无交集,不过,他和吕祖谦两人却是彼此认识的。乾道四年(1168)冬,吕祖谦居东阳武川,始在曹家巷授业,讲《左传》以资课试,其著《左氏博议》传播甚广。东阳长衢郭氏子弟必有从吕祖谦学者,吕祖谦亦曾作《郭彦明挽章》,所谓“小试威名盖一乡,卷藏韬略付农桑。传家签轴书盈幄,择婿簪缨笏满床。置邑万家开兆域,送车千两塞康庄。正须今代如椽笔,尽发潜光著石章”。若张从道所说的“王唐卿”即“王师古”,郭家与王家的联姻也可谓强强联合,只不过我们无法复原王师古与东阳郭家、江阴葛氏之间的往来图像,殊为遗憾。

二

《东阳长衢郭氏宗谱》载,宣和间,方腊起义,其中一支危及东阳境内,郭彦明参与平定。“越百五十余年,台寇杨镇龙乱,至东阳,火长衢台阁书院,其散居遂自此始”,杨镇龙为元初浙东农民起义首领,南宋末年以右科登第,宋亡,元至元二十六年(1289)二月,杨镇龙起兵反元,在磐安玉山建立根据地,国号大兴,自称大兴国皇帝,聚众至十二万人,曾攻陷象山、宁海、东阳等六县;十月,杨镇龙兵败义乌。据郭氏宗老回忆:“(杨镇龙)蓄意设险,灭我长衢,故俟腊月除夜,暗行剿毁,堪怜族众,靡有孑遗,幸有襁褓槐堂公,赖王阿保藏匿,与古逃出自窦,视若无声者,仿佛相似。既成立,权居罗青,遂肇兴。"由此可知,磐安的各大家族必然被卷入此一旋涡,是以源流世系只能根据族中宗老的记述加以弥补,因此势必会有舛误而无法溯源。

李勇先在《舆地纪胜研究》中提到北宋有两位王师古:一位是"绍圣三年(1096)通直郎王师古,后任武节郎,京兆、秦凤等路保甲兼提举";另一位王师古,宋代葛胜仲《丹阳集》载:"与其兄王师心俱尝升名礼部……是时师心始冠,已能用经术取上舍第,而师醇、师古皆轩然有迈往之韵……予固心器之矣。"然《丹阳集》中提到的王师古,据明人王祎《故成斋先生墓表》以及(光绪)《金华县志》所云,是"宣和五年(1123)乡贡进士",但"上春官不第,未官卒"。葛胜仲卒于南宋绍兴十四年(1144),此一王师古为葛胜仲的孙婿或可信之,作为王象之父亲的王师古,可能被植入了此一王师古的相关信息。此外,王祎在《大事记续编》中所引"王师古曰",很可能就来自王师古名下的《资治通鉴集义》,该书的作者一般被认为是王象之的父亲王师古,此一王师古若是与王祎同族,金华王氏与东阳王氏之间便存在着草蛇灰线般的联系,两族必有可以通谱的地方。

《舆地纪胜》多处言及"先君子",然宋钞本卷二八"袁州官吏门"下有"王师亶(亶字缺笔)"一条道:"先君子为宜春簿,尝作文志月椿之苦,今减十万五千余贯,自先君子始。"可知王师亶即王象之的父亲,清人刘毓崧以为"宋代不讳'亶'字,其为象之家讳无疑"。李勇先则认为"亶"字缺笔即为"古",又以刻工雕版致误、"师亶"是小名、避金太祖完颜亶之名讳等理由力证王师古、王师亶为同一人。其实，岳飞的孙子岳珂恰恰有一条信息最能佐证此一避讳的来历。岳珂与王师古四子王观之颇有交情，与王家更有往来。南宋嘉定十三年（1220）十月，因宋钦宗赵桓初名亶，又名烜，岳珂上书避"亶""烜"二字。《宋史·礼志十一》载："司农寺丞岳珂……又言'钦宗旧讳二字，其一从亩从旦，其一从火从亘，皆合回避。乞并下礼、寺讨论，颁降施行。'既而礼、寺讨论：'所有钦宗、孝宗旧讳，若二字连用，并合回避，宜从本官所请，刊入施行。'从之。"王象之的《舆地纪胜》辑于嘉定十四年（1221），约成书于南宋宝庆三年（1227）。可见，宋钦宗旧讳"亶"之回避，正是从岳珂所请，是以王象之辑《舆地纪胜》必然要照此施行了。

王师古诸子皆有文名，长子王谦之，字吉甫，淳熙十一年（1184）进士。此当以吴师道所记为准，若按宗谱所记，王师古长子名王炳，"王炳，字守中，号文宙，应武举科中式，授浙西兵马副都监。幼子霆，历树功猷，赠保义郎、武节郎，至进开国子，食邑五百户。既谢事，日惟观花草、茂林、泉壑之趣，不应接人事，因更号避喧主人。生于绍兴乙卯（1135）十一月初七日，卒于宝庆丁亥（1227）七月"，此中所记王炳生年与王师古仅差一年，可见必误。王炳或为王师古侄辈，宗谱之错乱，往往让人无从取信。（民国）《台州府志》载，绍熙三年（1192）二月，王谦之教授台州，次年十月以忧去。王师古调任广东提刑后，再无任何相关任职的信息,若是王谦之丁父忧,王师古即卒于绍熙四年(1193)十月,其卒年也绝不可能延伸至宗谱所说的嘉定十五年(1222)。《全宋文》收录了王谦之的《临海县狱记》《州学教授题名记》,王谦之对州学的重视从中可见一斑。"夫培植涵养于平居未用之时,将凭借扶持,以为子孙数百世之用,则所谓教者,岂特月书季考而已哉? ……天台为浙下州,而人物之盛,出为名卿才大夫者,项背相望,此非一朝夕之故也,盖自建学以迄于今,作人之功至矣。"

三子王益之,字行甫,南宋淳熙十四年(1187)进士,官至大理司直,熟于两汉史事及制度。著有《汉官总录》(已佚)、《西汉年纪》三十卷及《职源》五十卷,其人极具史识。清人胡凤丹在《西汉年纪》"序"中对王益之推崇备至,胡凤丹与其子胡宗楙编修《金华丛书》最见功底,其述《西汉年纪》重印始末颇详:"(王益之)于两汉掌故,最为精熟,惜其书散佚无存。是编三十卷,载入《永乐大典》中,坊间无单行本。自乾隆朝武英殿有聚珍版,始印行之,而世亦罕见其书。友人徐小云比部,自都中购得,邮寄来鄂,余为校勘而重锓之,因读而有感曰:'史莫古于《春秋》,为万世不刊之典。自太史公作《史记》,班氏作《西汉书》①,人各为传,一变《春秋》之例,非复编年本旨矣。其后荀氏欲复编年之体,与班马异,而司马公作《通鉴》②,复从而正

---

① 编者注:即《汉书》。
② 编者注:即《资治通鉴》。

之，然其删繁就简，遗漏滋多。独先生于年月之讹误也，则取《楚汉春秋》而考订之；于记载之异同也，则采《说苑》《新书》而详辨之；地名之歧出也，则考地理图志而折衷之。本本源源，各有根据，而一代升降之际，人事得失之林，靡不参诸鉴论，得是非予夺之公，绝无一毫私心于其间，岂非夫子作《春秋》之志者哉！是书出，而补荀氏、温公所未逮，后之作史者，可以法矣。'"

庆元二年（1196）十一月，王益之在《职源》"序"中道："顷予尉分水县，介居山间，官事简寡，簿职并尉。尉虽不兼丞，实行文书事。邑小不具官，余意自昔尔也……会予忧居，屏谢外事，翻阅故编，因欲略识今日置官本末，涉猎广博，惧非谫闻单见所能任。诸同志赞予决者什九，借予书者什五，愿合力以绪其成者什三。于是往时未见之书，靡不毕集……"王益之提到"中甫弟又从旁掇拾，以为之助。区分汇聚，越半岁而成，凡前代创制、国家沿袭、元丰正名、中兴并省，题其要而置篇端，官之故实、职之典掌、前贤遗迹、先朝训辞，复取其雅训以次列焉。间有一事而诸书不同，兼而存之。官之冗散、诸书不具者，列其目而阙其辞，总三百六十门，为五十卷，名曰《职源》。庶他日官仕，一开卷之顷，可以知其概，前贤风节，烂然在目，反而求之己所未能者，益加勉焉，是书不无助也，岂但一洗畴曩之愧而止哉？"被誉为"晚清民初学者第一人"的杨守敬在《日本访书志补》中提及王益之的《历代职源》（五十卷，日钞本），他写道："《书录解题》：'《职源》五十卷，大理司直金华王益之行甫撰。

亦简牍应用之书,而专以今日见行官制为主。盖中兴以后,于旧制多所并省故也。'然则原书每条之后,必多胪列历代典故,以备简牍之用。此本首题'撮要',盖删其类典而存其总纲。考宋南渡官制者,当以此书为最翔实。"

据陆游《朝奉大夫石公墓志铭》可知,石继曾的第三个女儿嫁给了王益之,石继曾是会稽新昌人,与陆游是同乡,石家与陆家都是越州有名的藏书世家。石继曾"知饶州德兴县,两浙转运司主管文字,提辖行在文思院",卒于南宋庆元五年(1199)。是时,王益之为从政郎新隆兴府府学教授。《宋会要辑稿》载:"开禧三年(1207)三月,大理司直兼评事王益之,大理寺主簿兼评事施械,大理评事鲍澥之、赵时适、翁潾、鲍华、沈实状奏逆曦就戮,族属悉当连坐。"①嘉定元年(1208),王益之已升至太学博士,《宋会要辑稿》载:"避亲别试,监察御史章燮监试,侍左郎官王介考试,秘书省校书郎陆峻、秘书省正字陈舜申、太学博士王益之、监赡军激赏酒库史弥谨点检试卷。"②

四子王观之,明人陈循所纂《寰宇通志》载:"王观之、王象之,俱金华人;喻侣,义乌人;潘有闲,永康人。俱庆元五年(1199)曾从龙榜进士。"此亦有误,王象之为庆元二年(1196)进

---

① 徐松辑:《宋会要辑稿·刑法》六之四五"矜贷",北京:中华书局,1957 年,第 6716 页。

② 徐松辑:《宋会要辑稿·选举》二一之一一"选试",北京:中华书局,1957 年,第 4591 页。

士。王观之中进士时间不定，不过，可以确定的是，王观之曾出任德化县令。岳珂《桯史》中记述了王观之在德化时的一则逸闻，事涉南宋宰相叶衡，题作《金华士人滑稽》："叶丞相衡罢相，归金华里居，不复问时事，但召布衣交，日饮亡何。一日，觉意中忽忽不怡，问诸客曰：'某且死，所恨未知死后佳否耳！'一士人在下坐，作而对曰：'佳甚！'丞相惊顾，问：'何以知之？'曰：'使死而不佳，死者皆逃归矣。一死不反，是以知其佳也。'满坐皆笑。明年，丞相竟不起。王中父观之宰德化，暇日为余戏言。士人姓金，滑稽人也。"据余莎米考证，嘉定六年（1213），岳珂正丁母忧服丧，次年，他开始著《桯史》。① 可见岳、王二人交往当在嘉定七年之前，或许为庆元二年，彼时适逢岳珂陪母亲回到泉州，在泉州住了一年多。嘉定十六年（1223），王观之已经调任夔州路漕使，他在《西汉年纪》"跋"中如是写道："先兄行甫好嗜班《史》，东西宦仕，挈以自随，饮食起居，不去手者三十年。尝即纪传而有述，又考其置官置兵本末，以为总录。晚益贯穿，易以编年体，为一代史。其他传记，率多采录，盖又不专以班氏书为定。标曰《西汉年纪》。嘉定辛巳（1221）锓木于夔漕治所学。弟仪甫（即王象之）谓余考四蜀图志，得之记载，眉山二刘亦尝为此书。一乃巽岩李公（即李焘，著有《续资治通鉴长编》）之甥，巽岩以为不下刘道原（即刘恕，著《十国纪年》，以拟《十六

---

① 余莎米：《岳珂生平著述考》，北京大学硕士论文，2008 年。

国春秋》，又采太古以来至周威烈王时事、《史记》《左氏传》所不载者，为《资治通鉴外纪》）。余虽未及睹，然观志之所称，特不逸班《史》一字，是但铨次年月，似无所取舍。余既惜行甫兄弗获与刘同时，又以巽岩不及见兄此书为恨也。"

王观之在担任夔州路漕使前，曾为汉阳守，与南宋诗人刘克庄交谊颇深。此前，两人都曾在江淮制置司幕中任事，王观之曾任干办公事官。刘克庄有《寄汉阳守王中甫》诗："自辞幕府径归耕，同舍分携阙寄声。帐下飞书空有幕，军中上级独无名。山深仆不闻时事，塞近君应得虏情。闻道汉东堪卧治，讯来依旧说招兵。"同为江湖诗派的戴复古亦有《汉阳登览呈王中甫使君》诗："西州城郭虽然小，江汉规模壮矣哉。大别山头观禹迹，楚波亭上望吴台。萧萧修竹风不至，漠漠平沙雁又来。五马相邀共登览，欲酬秋兴费诗材。"王观之自汉阳移夔州路，刘克庄又作《寄夔漕王中甫》："旧岁书犹至汉阳，新年梦已隔瞿唐。西人久苦供军费，南士专营出峡装。尘暗三边途尚梗，身游万里鬓应苍。蜀山闻说多仙者，试为余求辟谷方。"王观之死后，刘克庄中心摧折，他在为王观之所写祭文中写道："公没岁余，贫阙奠谋。一朝二物，西来万里。发书长恸，公止于此。"此时，与二人同在幕府之辈零落无几，幸亏"公有英嗣，珠朗玉崎。方彼二人，公为不死"。刘克庄又有《挽夔漕王中甫二首》，其一道："羽书堆里挟遗编，往古来今尽粲然。白发晚持川口节，丹旌暑下峡门船。生前多半游榆塞，身后才方领木天。老去一双怀旧泪,谁知滴向建溪边。"在刘克庄的心中,王观之无疑是颇具分量的一个朋友,今虽不见王观之的诗词,但从他与江湖诗派诸人的交往来看,想必他也是此中好手。

三

　　地理学家王象之所著《舆地纪胜》,记录了南宋十六路所属府州县历史沿革、风俗形胜、景物古迹、人物诗文等内容,作为宋代地理学名著,其重要性早已不言而喻。有学者指出,王象之关于历代疆域政区沿革的研究已经代表了当时沿革历史研究的最高水平。[①] 实际上,王象之历代疆域政区沿革的研究定然受到其叔兄王益之历代职源研究的影响,足见王氏家学之深厚。

　　王氏宗谱载:"(王象之)讳熺,字守晖,庠名象之,登庆元丙辰(1196)进士,志行高洁,隐居不仕,尝著《舆地纪胜》数十卷,今之舆地诸书皆本之……生于隆兴癸未(1163)二月十七日,娶葛氏,卒,合葬前班祖坟向山。生二子:霙、霭。"可见,王家与葛家真有世代通姻之好。王象之早年跟随父亲王师古"宦游四方,江淮荆闽,靡国不到""独恨未能执简操牍以纪其胜",叔兄王益之"西至锦城",季兄王观之"北趋武兴,南渡渝泸","归来道梁、益事,皆衮衮可听,然求西州图记于箧中藏,未能一二,虽口以

---

① 李勇先:《〈舆地纪胜〉研究》,成都:巴蜀书社,1998年,第36页。

传授,而犹恐异时无所据依也"。以吴师道所记,王益之为王师古第三子,王观之则为王师古第四子,《舆地纪胜》之所以列王益之为仲兄、王观之为叔兄,恐怕是因其仲兄王恭之早逝之故。

王象之以为"世之言地理者尚矣。郡县有志,九域有志。寰宇有记,舆地有记。或图两界之山河,或纪历代之疆域,其书不为不多。然不过辨古今,析同异,考山川之形势,指南北之离合,资游谈而夸辨博,则有之矣。至若收拾山川之精华,以借助于笔端,取之无禁,用之不竭,使骚人才士一寓目之顷,而山川俱若效奇于左右,则未见其书,此纪胜之编所以不得不作也"。出于这样的目的,王象之"搜括天下地理之书及诸郡图经,参订会萃,每郡自为一编,以郡之因革见之编首,而诸邑次之,郡之风俗又次之。其他如山川之英华、人物之奇杰、吏治之循良、方言之异闻、故老之传记,与夫诗章文翰之关于风土者,皆附见焉"。

南宋宝庆元年(1225),王象之任长宁军(今四川省长宁县)文学。绍定间,王象之知隆兴府分宁县,其在《舆地纪胜》隆兴府官吏下"陈敏识"条中写道:"象之宰分宁,相望百年,而陈公之英风遗烈,今犹未泯。"然王象之从中进士到入仕为官,中间近三十年隐居在家,真是不可思议。此近三十年光阴凝结为《舆地纪胜》二百卷及《舆地碑记目》四卷,可谓呕心沥血。宝庆三年(1227)九月,李焘之子李壁在《舆地纪胜》"序"中写道:"最可称者,如唐丽正殿直学士韦述《东西两京新记》,及本朝龙图

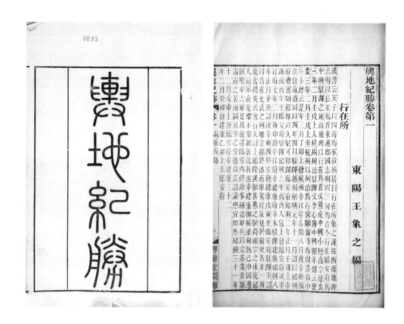

道光十二年粤雅堂刻本《舆地纪胜》

阁直学士宋公敏求《长安》《河南》二志,尤为该赡精密。今仪父
所著,余虽未睹其全,第得首卷所纪'行在所'以下观之,则知其
论次积日而成,致力非浅浅者,盖其书比李氏图经(即李宗谔,
曾编著《诸路图经》)则加详,比韦宋所著记志,庶几班焉。使人
一读,便如身到其地,其土俗、人才、城郭、民人,与夫风景之美
丽、名物之繁缛、历代方言之诡异、故老传记之放纷,不出户庭,
皆坐而得之。呜呼!仪父之用心,可谓勤矣。"又道:"东方朔、

刘向皆以多识博极，获备天子访问，为国家辨疑祛惑，岂曰小补，其事今见《山海经》首。本朝刘侍读原父（即刘敞，与弟刘攽合称为北宋二刘）奉使契丹，能知古北口、松亭、柳河道里之迂直，以诘敌人，敌相与惊顾羞恶，卒吐实以告，士君子多识博极至此，岂不足以外折四夷之奸心，表中国之有人哉!"可见李埴希望王象之这部地理之书能够成为有用之书，而不仅仅"资他人为诗而已"。

宋人陈振孙在《直斋书录解题》中介绍了王象之《舆地图》十六卷："王象之撰。《纪胜》逐州为卷，《图》逐路为卷。其搜求亦勤矣，至西蜀诸郡尤详，其兄观之漕夔门时所得也。"清人陶澍在《重刻舆地纪胜碑记目》"序"中道："余惟金石之书，自欧阳文忠、赵明诚以来，代有著录。盖古人之迹，不可得而见矣。独赖碑刻，有以存之……然而近时所见之刻，有不如前明所见之完者矣。前明所见之刻，又不如宋元所见之完矣……象之是目，得秋舲（即车持谦，著有《顾亭林先生年谱》）表彰之，其以慰艺林想望之心，而为学者多识之助，功岂小哉!"《舆地纪胜》初刻本流传甚少，元明传抄已非全本，清初钱曾在《读书敏求记》中谈到他见到的《舆地纪胜》"镂刻精雅，楮墨如新，乃宋本中之佳者"，而钱大昕在《养新录》中自谓求此书四十年而未得，后来自钱塘何梦华斋中见影宋钞本，"亟假归，读两月而终篇"。清嘉庆四年（1799），阮元巡抚浙江，此前，他已从何梦华处借来影宋钞本并影写两部，因四库总目未收此书，便把其中一部"爱加以装潢,献诸内府",藏另一部于文选楼中,并自述"盖深重此书,望好事者为之重刻耳"。他在清道光二十九年(1849)《舆地纪胜》(惧盈斋刻本)"序"中写道:"余考地理类总志之书,传于今者,以《元和郡县志》为最古,其次则《太平寰宇记》,而两书皆有阙文。前此孙氏星衍刻元和志于山左,其阙文六卷,则严氏观补之。万氏廷兰刻寰宇记于江西,其阙文八卷,则陈氏兰森补之。纪胜有功于地理,足以接武两书,绍周(即岑建功,号惧盈斋主人,扬州著名藏书家、刻书家)所补者,皆据群书所引原文,裒辑成编而不杂以他说,其意特为矜慎,又得秋舲(岑建功子岑浍)、仲陶(岑建功从子岑镕)为之刊布,全书广为传播,可谓后先济美,盛举出于一门矣。余以壮岁所得之书,越五十余年,竟得见其锓板,海内读书之士,畴昔欲见而不可得者,今乃一旦盛行,洵衰年之快事也。故乐为之序,使好刻古书者知所劝焉。"

绍定初,王象之与宪使黎伯巽辨重庆涂山禹庙之非,后至涪州乐温庙,得见张飞遗物。王象之知分宁县后,又经江西运判曾凤鸣荐举,嘉熙间,尝知江宁县,此后便不知他的宦迹。皖南泾县丁家桥镇后山村在一次施工中出土了一块石碑,其上的《南宋孙若蒙与郭氏夫妇墓志碑铭》乃出自王象之之手。孙若蒙是宣州太平(今属安徽黄山)人,生于南宋隆兴元年(1163),"初任饶州永平监……后历户部建康中酒库、扬州防御推官。荐考应格改秩,知江宁县,未上……特改知成都县……守长宁,

继剖顺庆、广汉之符"。南宋绍定五年(1232),孙若蒙在前往嘉
定府途中客死驿馆,次年春,他的长子孙自昌扶柩回到泾县厚
山,择十月将其安葬。孙若蒙与王象之年龄相仿,家世亦同,两
人都喜好游历,从仕经历也差相仿佛,职官级别都不高,孙若蒙
仅至从五品,王象之不过正七品,而且两人均涉江宁县职,然都
不曾履命。① 也许二人正是在这般机缘下相识,孙若蒙去世
后,王象之应邀为其撰写墓志铭,此时的王象之已经到了"从心
所欲不逾矩"的年纪。

四

清道光二十九年(1849)重修的《东阳俞氏宗谱》中,开篇
《重修俞氏宗谱》"序"即为邑人王象之拜撰,时间却题作"宋天
圣九年(1031)八月望日",说明东阳在北宋仁宗时期另有一个
王象之。这就是历史最为吊诡的地方,一个地方所有同名者的
行迹,最终会被整合到同一个人身上。

然王象之的贡献实大,《舆地纪胜》终成极有价值之书,远
超"资人作诗"之用。有学者指出,《舆地纪胜》在每一州(府)下
风俗形胜、诗、四六三门中提供了丰富的人文地理资料,尤其是
对地形复杂、人文景观多样的川陕四路而言,其广大地域内农

----

① 曹曦:《王象之书〈南宋孙若蒙与郭氏夫妇墓志碑铭〉考论》,《宋
史研究论丛》,2017 年第 2 期,第 270 页。

耕地区的详细情况被记录下来,其丰富程度决非《宋史·地理志》所能比拟。书中还记录了南宋时四川地区城市分布和经济水平的情况,为研究西南地区文化地理变迁提供了宝贵的资料。同时,《舆地纪胜》具有类书的性质,以江南西路为例,其引用今已亡佚的自六朝至宋代的图经、志、记六十余种,全书则不下千余种,称得上是一个"弥足珍贵的资料宝库"。①

清人张鉴在《宋板舆地纪胜跋》中写道:"宋史列传王霆,东阳人,嘉定四年(1211)中绝伦异等,为沿江制置副使,李埴辟幕下,不知霆与象之又何属? 霆尝撰《沿江等边志》一编,贻书时相乞瞰江,审察形势,置三新城,则东阳王氏一家之学,确有渊源。今幸际休明之会,得上尘乙夜之观,俾纪胜一书,幽而复光,不特王氏幸甚,学者幸甚。"他又作《舆地纪胜跋二》,考证王师古、王象之行迹颇详:"及检本书袁州官吏下,载王师古二字皆缺笔,且注曰:'郡志云袁州月椿岁额八万八千余,绍兴末年先君子为宜春簿,尝作文志月椿之苦,今减二万五千余贯,自先君子启之。'则其父名师古,且江州濂溪书院下,注云:'象之先君子守九江,为建拙堂及爱莲堂于祠之侧。'则又为九江守矣。今通志载金华王师古,中绍兴二十四年(1154)进士,终广东提点刑狱,殆即其人。同时尚有宣和元年(1119)进士王师心,终显谟阁直学士;绍兴十八年(1148)进士王师愈,终浙江提点刑

---

① 邹逸麟:《〈舆地纪胜〉的流传及其价值》,《椿庐史地论稿》,天津:天津古籍出版社,2005年,第558页。

狱;绍兴二十一年(1151)进士王师尹,终迪功郎。皆金华人,似亦象之之世叔父。而《宋史·王柏传》载:'大父师愈从杨时受《易》《论语》,既又从朱熹、张栻、吕祖谦游。父瀚,兄弟皆及熹、祖谦之门。'故象之此书亦往往于徽国、东莱诸子之出处行事,拳拳致意。"张鉴此论,当是把王象之并入金华王氏一支的一个缘由。张鉴还写道:"至象之于绍熙辛亥(1191)游庐山,亲见晦翁所作《西原庵记》;又宝庆乙酉(1225),从长宁太守孙若蒙修《长宁续志》;绍定丁亥(误,当为宝庆三年,即1227年)过重庆与宪使黎伯巽辨涂山之谬,至乐碛观威烈侯碑,则所云靡国不到者,其事迹实得之亲涉。"

从孙若蒙碑铭的内容来看,张鉴所说足以取信于人,王象之的卒年当在宝庆三年后,七十多岁的他尚能在四川、湖北一带漫游,足见老当益壮。他的诗仅有一联见于《康熙字典》"娲"字释义:"女娲山,在郧阳竹山县西,相传炼石补天处。王象之诗云:'女娲山下少人行,涧谷云深一鸟鸣。'"[①]可见其诗格清隽,造语工练。等他再次回到磐安的时候,更加深信"须知此地堪终老"。王象之的两个儿子,《南里王氏宗谱》载:"王霓,生于绍熙癸丑(1193)二月十四日,娶蔡氏,生三子:履孙、升孙、翼孙(出继)。""王霭,娶周氏,生二子:豫孙、节孙。"由此可见,王氏与磐安大族周氏、蔡氏都有通姻之好,只不过宋亡以后,王象之

---

① 张玉书撰,马涛主编:《康熙字典》(第一册),北京:九洲图书出版社,1998年,第432页。

孙辈以下，谱中已经漏载，从此销声匿迹，不知踪影。

唯独王炳幼子王霆，却是一个《宋史》有传的人物。"王霆，字定叟，东阳（今磐安）人。高大父豪，帅众诛方腊，以功补官。霆少有奇气，试有司不偶，去就武举，嘉定四年（1211），中绝伦异等。乔行简考艺别头，喜曰：'吾为朝廷得一帅才矣。'……理宗即位，特差充浙西副都监，湖州驻扎。时潘甫等起兵，事甫定，霆因绥抚之。镇江都统赵胜辟为计议官。时李全寇盐城，攻海陵，胜出戍扬州，属官多惮从行，霆慨然曰：'此岂臣子辞难之日！'至扬子桥，人言贼兵昨日在南门，去将安之。霆竟至南门，以帅宪之命董三城事。腾次第出城接战，霆必身先士卒，大小十八战，无一不利。夺贼壕，筑土城，焚城门，贼气为慑。差知应州兼沿边都巡检使，枢密院命节制黄莆后营，弹压诸道军马。诸道兵二十万将往收复楚州，霆帅所部为掎角之助。"王霆因防守扬州之功，后升武功大夫，先后知濠州、知安丰军、知光州等，官至蕲州知州。著有《沿江等边志》《玉溪集》。

南宋嘉熙四年（1240）五月，宋理宗有御札赐王霆，其中道："夫三纲五常之理，在人未始泯绝，彼其忘平时抚养之恩，背理捐生，而以卫民者厉民，岂尽本心哉！有司奉令不虔，故其病于掊克而饥寒之不免，困于力役而休息之无期，郁悒于沮遏而赴诉之无所，殆非一日，惟朕之不明以致之。"此后，金华同乡胡助作《题宋理宗御札赐王霆后》："蹙国防河事可知，钱塘缀息强支持。权臣债师无庸责，天命方开混一基。"浦江柳贯也有《题王制置家所藏宋穆陵戒谕边帅御札二首》,其一曰:"卫公故物文皇诰,珍重孙曾绿锦囊。百岁蓬莱既清浅,一封御札泪千行。"

明人郑柏《金华贤达传·王霆传》所本皆出《宋史》,其中谈到王霆尝训子弟曰"穷理尽性,学之本也",赞曰:"史称王霆通兵家言,而谓不可以道从世,其训子以穷理尽性为学之本。此古人谋帅贵乎说《礼》《乐》而敦《诗》《书》者欤。"(嘉庆)《扬州府志》又载:"(王霆)知高邮军,流民聚众为盗,霆剿其渠魁,余党悉散。时议出师,霆谓:'莫若遣探敌情,如不得已,然后行之,否则无故自荡其本根。是外兵未至,而内兵先惨烈也。'诸军毕行,惟高邮迟之,境赖以安。"清代王崇炳《金华征献略》中,对王豪、王霆祖孙更是赞赏有加:"祖豪,为六义士之一,以捍御功,补忠翊郎……霆生而壮伟,修干长须,精韬略,善骑射……时人以比宗泽,寻差知应州,兼沿边都巡检使,以荐召试为阁门舍人,入对,侃侃言时弊,且陈恢复之策,愿效前驱。帝称其言可用,升武功大夫,赐金带,出知濠州,节浮费,籴粟买马,以备不虞。北兵至浮光,乃以霆知光州,命下,即乘夜冒雪疾驰,遇敌,谢令桥大战,敌遂却。寻召为吉州刺史,仍改知江州,乃辞不赴。丞相郑清之、制置司史嵩之以书留之,不从,曰:'士大夫当以世从道,不可以道从世。'再授阁门舍人,迁淮西马步军副总管兼淮西游击军副都统制,论十事不报。差知高邮军,寻带行左领军卫大将军,充沿江制置副使司计议官,撰《沿江等边志》一编。"

王霆之孙王安国也以军功闻名，"元初，有江南人心未缉，
署本邑尉，能布威信，以驭其民。县民娄覃等，聚众据玉山，杀
浙东宣慰使陈天祐，行省右丞史弼领兵讨之。安国世居玉山，
悉要害，因诣军前陈设方略，亲入其地，诱覃，缚之以献，兵不血
刃。弼延之麾下，将荐诸朝，以亲老辞。其后，宁海贼杨镇龙复
据玉山，妄立称号。安国觇其势，曰：'无能为也。'趋义乌，遇官
军而溃，贼首就擒。安国为人谨厚，重然诺，民有讼，不至令而
求直于尉，乡间赖以安者二十年，民怀其德，或设像而祀之"。
由此可见，杨镇龙兵变对南氏王氏影响深远，即使平定之后，元
移宋祚，王氏在东阳境内恐怕也将遭遇说不清的种种变故。王
崇炳论曰："王忠文之赞安国略曰：'安国六世祖豪，在宋宣和
间，以功补忠翊郎。大父霆，起武科，守边郡，嘉熙淳祐之际，朝
廷深倚其功。卒官建州刺史。安国能世其家，功在乡邑。忠翊
死，乔丞相行简为之铭。建州事业，具载史传。安国之事，可不
使少概见乎？予故私著之，以备阙逸。'忠文之言如此，予观刺
史公以武科起家，立功阃外，见险不避，遇事无隐，始终一节。
有儒者气象，登之名臣之列，不愧矣。"

历经两宋漫漫历史长河的淘洗，南里王氏将他们的信仰留
在了这片土地上，虽面貌朴素，于后人而言，却是"吉光片羽，皆
金玉珠贝"了。

儒林世泽垂悠久

榉溪孔氏锥指

一

靖康之变意味着北宋走向灭亡,"靖康二年(1127)三月二
十九日,金将领粘罕(宗翰)掳宋朝徽、钦二帝及皇后、太子、亲
王、妃嫔宗戚、大臣三千余北去,史称'靖康之难'"①。康王赵
构幸免于难,先于靖康元年(1126)十月就任兵马大元帅于相州
(今河南安阳),待金人北去,张邦昌退位后,于靖康二年五月一
日即位于南京(即应天府,今河南商丘),是为宋高宗,并改元建
炎,史称南宋。南宋初期,赵构以李纲为相,然而李纲仅仅见用
七十五天即被罢相。后来,李纲作《渊圣皇帝赐宝剑生铁花感
而赋诗》:"靖康寇骑窥帝阍,中原惨澹生烟尘……东南卑湿相
蒸熏,坐使三尺光铓昏……"足见其壮志未酬之激愤。南宋建
炎元年(1127)六月,经李纲荐举,金华人宗泽为东京留守、开封
府尹,宗泽上《乞回銮疏》二十四道,可谓"天下至情至性之文",
他以为赵构应该定都汴京,"开封物价市肆,渐同平时。将士、
农民、商旅、士大夫之怀忠义者,莫不愿陛下亟归京师,以慰人
心"。赵构却不以为意,卫尉少卿卫肤敏以"汴都蹂践之余,不
可复处""建康实古帝都,外连江淮,内控湖海,负山带海,为东
南要会之地"为由劝高宗定都建康,汪伯彦、黄潜善等主降派皆

---

① 张峻荣:《南宋高宗偏安江左原因之探讨》,台北:文史哲出版社,
1986 年,第 1 页。

主幸东南，士大夫也率附其议，宗泽只能感慨"长使英雄泪满襟"。建炎二年（1128）七月十二日，宗泽三呼"渡河"而亡。

宗泽死后，赵构不应汴京军民所请，以宗泽之子宗颖接任，反以杜充继任东京留守，《宋史·宗泽传》如是写道："自是豪杰不为用，群聚城下者复去为盗，而中原不守矣。"南宋学者吕中在《中兴大事记》中写道："此泽去而东京之地不可守也。宗泽在，则盗可使兵；杜充用，则兵皆为盗矣。充守东京，则敌至维扬；充守建康，则敌至明州。以充继泽，何异以渊代逊，以姜维而续孔明之事功？李纲罢而汪、黄相于内，宗泽死而杜充守于外，天下事可知矣。"由此可见，以杜充继任东京留守为建炎南渡一大诱因。在宋金战争中，孔家庙宅自然也无法免祸。孔子第四十八代孙孔端朝曾回忆道："宣和末，女真始入寇。靖康丙午（1126），群盗起，家所蓄藏，荡然云散。建炎戊申（1128）十月，端朝不得已去陵庙南奔。明年己酉八月，蒙恩以孔氏特差徽州黟县令。"建炎二年（1128）冬，"金人既陷北京，又陷袭庆府（即兖州），衍圣公孔端友已避寇南去，汉儿将启宣圣墓，左副元帅宗维（应为宗翰，即粘罕）问其通事高庆裔（即高庆绪）曰：'孔子何人？'曰：'古之大圣人。'宗维曰：'大圣人墓岂可犯？'皆杀之，故阙里得全。端友，孔子四十八世孙也"[1]。可见，此时的孔庙已经处于无人管理的状态。孔端友为孔若蒙长子，北宋至

---

① 李心传：《建炎以来系年要录》，北京：中华书局，2013 年，第 435 页。

和二年(1055),宋仁宗从祖无择、刘敞等言,改文宣公为衍圣公,孔若蒙于北宋熙宁元年(1068)袭衍圣公,除沂州新泰县主簿。北宋元祐元年(1086)十月,宋哲宗从孔宗翰言,改衍圣公为奉圣公。北宋元符元年(1098),孔若蒙因监修孔庙事夺爵,诏令本家公议,择湖州归安县主簿孔若虚袭封,同时,朝廷又设下"若虚身殁之后,亦别行选择,不必子继"这一令人讶异的规定。北宋崇宁三年(1104)十一月,孔若蒙去世以后,孔端友得以袭封,朝廷颁布《文宣王之后袭封条贯》,明确规定爵位必须由长子继承,又将"奉圣公"改回"衍圣公",足见孔氏家族在这一时期必有内部的纠葛,以致袭封屡有更张。

北宋政和五年(1115),宋徽宗授孔端友"至圣文宣王庙祀朱印"一枚。北宋宣和三年(1121),升孔端友为通直郎,除直秘阁,赐绯色官服,以示恩宠。诰曰:"先圣古今之师也。由百世之后,等百世之王,殆未有能违之者。朕既法其言,尊其道,举以为治,犹以为未也。又录其后裔以褒大之。尔先圣之系,效官东鲁,积有年矣。通籍金闺,升芸华阁,以示崇奖。汝尚勉哉。"金人进占曲阜以后,孔端友在孔传的支持下,命胞弟孔端操留守阙里林庙,其率近支族属南下扬州扈跸,磐安榉溪孔氏的孔若钧及其子孔端躬皆在其列。建炎三年(1129)春,金人先是陷青州,焚掠殆尽。又陷潍州,焚城而去。当此之际,宋高宗有心偏安,集英殿修撰、提举杭州洞霄宫卫肤敏上言"为今之计,莫若暂图少安于钱塘,徐诣建康",宋高宗颇纳其言。同年,直秘阁、知婺州苏迟上言"本州上供罗,自皇祐中,岁输万匹,崇宁中,增至五万八千匹有奇,民力凋敝,乞减其半",宋高宗览奏惊恻,诏减"二万八千匹,著为定制,仍令给以本钱"。七月,升杭州为临安府,金军大举南侵,宋高宗只能遣使求和。八月,在宋高宗抵达苏州的时候,孔端友等孔氏后裔才得以赶上宋高宗的队伍。十月以后,宋高宗的"逃亡大军",由临安而越州,由越州而明州,由明州而定海,可谓颠沛流离。至建炎四年(1130)正月初三,宋高宗的船队始停靠台州章安镇(今属台州市椒江区),此时,孔若钧与孔端躬也在逃亡的行列。

孔子第六十九代孙孔继汾的《阙里文献考》以为孔端友曾在建炎二年(1128)冬祀"赴扬州陪位,不克归,遂寓三衢",李心传《建炎以来系年要录》则记载建炎二年十一月壬寅,宋高宗在扬州举行冬祀,当时还是礼部尚书的秦桧在后来回忆道:"伏睹建炎恭行郊祀之礼,其时仪文制度与夫衣服、器皿之类,已不能如礼。"足见冬祀之仓促。《宋史》未记载孔端友也参加冬祀,孔继汾或是以"衍圣公每遇亲祀大礼及冬正朝会许赴阙陪位"的规定推断孔端友应该参加了扬州的冬祀。更为神奇的是,清人冯世科在《鲁阜山神祠记》中写道:"衍圣公孔端友负楷木像扈跸来南,夜泊镇江。奉像舟覆浪中,有三神人逆流而上,得之江滨。公焚香祷谢,烟篆'鲁阜山神'四字。"此大抵为"小说家

言",孔传《东家杂记》并不言其事。① 学者魏曙光以为,孔端友
一直扈从宋高宗到杭州,建炎三年(1129),宋高宗感于孔端友
奉诏南渡之功,赐家衢州。南宋绍兴元年(1131)四月,孔端友
才去郴州上任。因宜章农民李冬至二率众造反,孔端友不能
制,宋高宗派曹伯达代替他,孔端友则奉祠洪州玉隆观。绍兴
二年(1132)闰四月,孔端友因病去世。孔端友没有子嗣,宋高
宗便以其弟孔端操之子孔玠袭封衍圣公,绍兴八年(1138),宋
高宗将衢州五顷田地赐予孔玠,此为衢州南孔之奠基。孔端友
南渡以后,远在曲阜的孔端操亦被伪齐皇帝刘豫封为衍圣公,
后由其子孔璠袭封,其地位后来得到金熙宗的承认。因此,明
人于慎行以为,孔玠、孔璠才是真正的孔氏南北宗的开创者。
孔端友寓居衢州一事最早见于南宋赵汝腾《南渡家庙》一文,之
所以把孔端友立为衢州南孔的奠基人,是因为孔玠的衍圣公之
位是从他这里传过去的,此亦无可厚非。

二

　　孔若钧、孔端躬父子扈从宋高宗到台州章安镇以后,原本
计划取道磐安前往衢州与孔氏后裔会合,奈何经此颠簸,孔若
钧已经身心俱疲,没多久即沉疴不起。他曾作《感怀》一首:"国

《永康孔氏宗谱》"孔端躬"条

否时危计致身,岂知今托栗山滨。庙林惆怅三千里,骨肉飘零八九人。顾影空高鸿鹄志,违时惊见柳梅春。皇天悯我斯文裔,净洗中原丑虏尘。"可见,孔若钧、孔端躬此时已经定居磐安榉溪,榉溪山川之秀并没能宽慰孔若钧,反而增添了他的担忧。此后,他又作《有怀衢城兄弟》:"离落风尘后,年华鬓雪盈。葵心切忠孝,花萼半枯荣。胡骑黄河界,皇天白日升。柯山消息近,万里岱岑青。"个中流亡之痛,一如杜甫笔下之"感时花溅泪,恨别鸟惊心"。他又作《月夜衢城会集》:"天月初圆夜,人心复合时。浮生无定迹,不必叹支离。"可见孔若钧应当去过衢州,与其兄孔传相会,又或此诗只是怀想而已。孔若钧病逝后,孔端躬将其葬于榉溪北岸金钟山后坞,自此定居榉溪,作《金钟山后坞先茔初成有感》:"流寓他方旧虑忘,重逢道眼示青囊。山回天马金鞍应,水绕虹桥玉带长。自信尼防通地脉,还期申甫起家祥。儒林世泽垂永久,不啻牛眠跃马岗。"只是,榉溪孔氏一直"潜德弗耀",被后人视为孔氏南北宗之外的"隐宗"。

当代学者王宇在《义利之辨和隐逸儒学：重估榉溪孔氏的精神价值》一文中指出，榉溪孔氏与衢州孔氏、曲阜孔氏并称"孔氏三派"，其历史上有两次"义利之辨"：一是孔端躬为践行儒家的孝道定居榉溪，是榉溪孔氏形成的根本原因；二是明代万历二十六年(1598)，榉溪孔氏被认为伪托圣裔，永康县县学明伦堂还立下"禁革冒认圣裔碑"，直至清光绪十八年(1892)，榉溪孔氏族人孔宪成向衢州孔庆仪求助，核实两地族谱，才确认了榉溪孔氏的真实性，恢复了榉溪孔氏作为孔子后裔的地位。

王宇以为孔子后裔能够享受免于轮流差役的"优免"，榉溪孔氏不以孔子后裔的身份去享受优免待遇，此亦为"取义不取利"。明初文臣之首宋濂在《送永康孔教谕士安往曲阜谒庙序》中写道："古所谓世家者，非必积富贵之谓也，能世其德焉耳！不能世其德，虽贵如赵、孟，富如季、孙，吾犹谓之辱其先也。苟能导之，虽

《永康孔氏宗谱·宋濂送永康孔士安谒庙序》

贱如原宪，贫如颜回，至今仰之如日星，孰得而及之乎？是知为人子孙者至难也。为常人之子孙难矣，未若为贤者之子孙之难也。为贤者之子孙难矣，未若为圣人之子孙尤难也。何者？其先愈大，人望之愈深，故为其后者愈不易也。"可见榉溪孔氏之贤德。王宇把榉溪孔氏的这种态度称为"隐逸儒学"，所谓"贤者辟世，其次辟地，其次辟色，其次辟言"。

孔端躬，字子敬，生年不详，卒于绍兴八年（1138）。宣和三年（1121），任承事郎、大理寺评事，为人"持身清白，谳狱恕平，吏畏其威，人怀其惠"。孔端躬有五子，分别是璜、㻲、玚、玹、玓。《五十七代孙谱序》中载："大理寺评事端躬，与子璜、㻲、玚、玹、玓随驾至台州，回经婺之永康榉川（即今磐安榉溪），见山水之秀丽，遂家焉。"孔若钧胞弟孔若冲及其子孔端穆、其孙孔珍亦定居磐安榉溪，直至孔端穆之孙源明始迁往诸暨。榉溪孔氏由孔端躬开枝散叶，形成榉溪派、小盘派、大盘派等十三个支派，清人徐心羲在《孔氏重修宗谱序》中写道："吾永榉川孔氏（即磐安榉溪孔氏），本阙里宗系，其始迁祖端躬公，当宋高宗南渡时，与兄端友公均自阙里避地江南，而端友公居衢袭封衍圣公，端躬公以扈驾抵台后，经永康之榉川，遂卜宅于兹焉。自端躬公后，椒衍瓜绵，择地而迁者不一，如克彬公之居茶潭，宏府公之居岘东，克宏公之居小盘，言懋公之居大盘，以及北山、黄川、塔岭、蟠溪、阳龙、沙溪等处，均为榉川支派，其散处于永、东、仙、台间者，不可胜数。"足见圣裔之兴盛。

　　大理寺评事只不过"文阶官"而已,孔端躬扈从南渡,自然对南宋初期的政局有所洞察,《磐安县志》道其"目睹朝廷腐败、奸臣揽权,叹息不已,自以枉为朝官,意欲丢官弃禄,作一庶民,觅栖身之地,自食其力,与草木为邻",此意并不是空穴来风。孔氏宗谱所载像赞称其"其貌甚壮,其心甚良。道德尊崇,功业昭彰。胸襟洒落,器宇轩昂。丹崖削壁,秋月寒江"。其中"秋月寒江"出自黄庭坚《赠别李次翁》诗"德人天游,秋月寒江"之句,意谓有德之人,心地清明。可见孔端躬的高风峻节是有目共睹的。南宋宝祐元年(1253),宋理宗"诏衢州建立宣圣家庙",此为孔氏南宗成立的标志。清人叶淑欧在《孔氏家庙记》中写道:"自有宋靖康之际,四十八代孙封衍圣公端友奉祖像扈跸南渡,而家于衢之西安,诏以衢州学宫为家庙,赐田五顷奉蒸尝,衢之有孔氏自此始。"《磐安县志》载,宝祐二年(1254),宋理宗追念孔端躬的功德,又以衢州孔庙例建榉川孔庙,并给予"其子孙照例免赋税劳役,白身最长者可荐朝录用"的优待。是以孔子第五十代孙孔挺得以授迪功郎,出任松阳县丞。孔挺,字季和,其于榉溪南岸建圣庙,又建杏坛书院。孔挺有《致仕过冯公岭有感》,诗云:"薄宦久期过括苍,如今谁愧旧行囊。立身俯仰留清白,适志功名叹显扬。北斗天遥情独切,东篱霜重菊初香。浮云飞尽苍穹阔,泰岳孤高洙泗长。"现存书院则是民国初所改建,其址即在榉溪南岸。元代诗人卢时中作《桂川八景》,其中一诗名为《杏园书塾》:"先天遗杏香,后学尊经处。根荄分尼川，花蕊蕃婺土。道德久愈光，诗礼教循古。千载仙源春，余芳幸松睹。"

孔端躬墓在溪北燕山脚下，墓前植有桧木，即为"太公树"，人言此树苗由孔端躬从曲阜携来，"此苗在何地生根，即我氏之新址也"，此意亦佳。手植桧是孔门一大象征物，曲阜的桧木更是屡枯屡荣，孔氏后裔孔慎行有诗云："崔巍俯殿阿，旋转左文多。岂乏风霜剪，灵根自不磨。"此外，元代金华诗人金信曾作《奉赠手植桧词》，可谓寄意遥深。"君不见孔林之桧千寻植，大枝小枝多是戟。蟠根幸托素王宫，曾是当年手亲植。只今已阅千岁余，叶叶皆为人所惜。岂同老柏生蜀祠，要比甘棠重南国。孔君世胄出圣门，五十六代之诸孙。书香宦业犹枝分，家住乔木花溪滨。先君昔往拜阙里，洁鲜上塚陈罍樽。君今不惮千里远，又复寻叶归其根。圣人之道在天地，圣人之泽流洙泗。大哉此木谁扶持，雨露淋漓滋元气。世德子孙多不匮，孝感应知天锡类。不须更诵角弓诗，永为乾坤等终始。"可见"圣人之泽"在榉溪如春日雨露，流播浸润，经久不绝。

三

婺州南孔较大规模的北上谒林活动共有六次，元至顺二年（1331），孔子第五十五代孙、丹阳书院山长孔克英（字积中）北上谒林，受到曲阜宗长孔思凯的热情招待，孔思凯作《赠孔积中还南稿》一诗，表达了两宗之间的深情厚谊。"派出尼山本一宗,孙枝绍祖德修同。金衢岁久成家业,湖海心诚谒圣容。祖宴醉归槐市月,春衣香惹杏檀风。还期南北同思勉,宦泽书香万古隆。"孔克英被人称为"伟丈夫",与宋濂相友善,宋濂为其作墓志铭,说他少得"清丽闲雅之趣","工为文,词复蔚,瞻有精魄"。宋濂少时曾在金华山中听其讲学,认为孔克英"扬攉古今陈义甚高者,盖忻然无倦色,且咸期府君必将大用斯世,使惠泽流于时而声光赫著于无穷"。

当然,桦溪孔氏以"圣裔"自居,也曾被地方大族和官府指认为"冒认"。学者刘正刚、张柯栋指出,"谱系虚构是明清时期宗族建构的普遍现象","孔子后裔自南宋以后,因战乱而流布各地,明代因为'圣裔'享有徭役优免权,各地多有'冒认圣裔'的现象。嘉靖时期,永康县的毛知县与应氏联手,认为孔氏九十七户优免徭役,影响了社会利益公平,遂以'冒认圣裔'的借口削去其优免权。时永康孔氏势单力薄,且未得到衢州孔氏支持,无以自证身份。入清之后,永康孔氏通过与邻近族人联宗,获得衢州孔氏承认。尽管曲阜孔氏对永康孔氏'圣裔'身份未予公开承认,但却默许了衢州孔氏的运作。在地方上,永康孔氏与对手应氏联姻,主动改善社会关系。清咸丰时期,永康孔氏在抗击太平天国起义中屡立战功,其社会地位日渐上升。光绪时,更有族人参与县志编纂,从文武两个方面渗透到地方的发展建设中。衢州孔氏支持其恢复'圣裔'身份,地方官府及绅耆也加入纠偏行列,最终认定'冒认圣裔'为诬捏。此后永康孔氏'南渡圣裔'的历史叙述,渐渐成为地方社会共同的历史记忆"①。此论可见樺溪孔氏最终崛起之关键。至孔子五十四世孙孔思晦袭爵,南北衍圣公分立的局面宣告结束,孔思晦"重新修订颁刻了孔氏宗谱,编排了后世孔氏世系的名次,使得元、明、清三朝的孔氏世系没有再出现淆乱难辨的情况。他表明这样做的显见理由,是为了避免五代时期孔氏洒扫户孔末以伪灭真、残害圣裔的悲剧,但更重要的目的却是要贯彻结束金、元二代围绕衍圣公合法性的长期争讼,避免孔氏家族因此陷入无休止的分裂与争斗"②。历史真实由记忆主体建构,且"每一个试图构建历史的人都不是'一张白纸'",而是会"受到现实、教化、宣传、政治需求、身份利益等多重因素的制约"③,孔氏一族的谱系建构,即可以此观之。

樺溪孔氏经过不断努力,得以在《孔氏南宗考略·圣裔支派考》中占有一席之地。"四十八世端躬。官大理寺评事,隐婺州永康之樺川。明时,永康人以为冒认,立碑明伦堂,指斥之。清光绪间,南宗博士庆仪为之辨正,复立碑纪实。"当然,孔氏祖训箴规已经与历代王朝统治者所推崇的思想相融合,"使君君、

① 刘正刚、张柯栋:《冲突与调适:明清永康樺溪孔氏的"圣裔"谱系建构》,《史林》,2022 年第 3 期,第 65 页。

② 乔卫平:《孔氏南北宗裔若干世系考辨》,《孔子研究》,2009 年第 4 期,第 123 页。

③ 赵静蓉:《文化记忆与身份认同》,北京:生活·读书·新知三联书店,2015 年,第 76 页。

臣臣、父父、子子、夫夫、妇妇,各得以尽其分,与天道诚无间焉",榉溪孔氏自然也不例外,"俗敦礼让,犹瞻阙里,衣冠彬彬乎邹鲁之遗风"。孔克英有一首《勉子》,寄寓了对孔氏后人承继先风、恢宏祖德的期望:"昔拟抡元如拾芥,晚宜儒宦疏归田。经论国务吾无分,继述家声尔仔肩。棠棣和风春蔼蔼,庭帏爱日意拳拳。立身孝友能加勉,便是当年闵子贤。"孔子的梦想不断地被后人付诸行动,于是这梦想也变得神圣,一如启蒙思想家伏尔泰所说:"在理想的最美好的世界中,一切都是为最美好的目的而设。"

优游礼教德风清

皿川羊氏考论

磐安皿川羊氏要从神仙人物羊愔说起,南唐沈汾的《续仙传》以张志和开篇,以羊愔收尾。其中写道:"羊愔者,泰山人也。以世缘官,家于缙云。明经擢第,解褐嘉州夹江尉。罢归缙云。兄忱为台州乐安令,而愔幽栖括苍山。"羊氏自秦末迁居泰山,至东汉勃兴,堪称泰山第一望族。晋室动荡,羊氏大变,入唐亦衰微。唐会昌四年(844)正月,太原将杨弁兵变,至二月八日,"杨弁及其党五十四人皆斩于狗脊岭(今西安城东)",杨弁之乱至此而平,羊愔弃官入括苍山也在这一年。沿缙云一路往东,即磐安皿川,羊愔羡其山川之胜,后定居于此。皿川之佳,嘉庆九年(1804),清人杨学淦在为羊氏宗谱所作序中议论甚详:"五云之山水胚胎于盘山,由盘山而大盆、小盆,而樺溪,达于皿川。皿川一水溶溶,四山环绕,宅幽势阻,有盘谷、辋川佳致。"

　　《续仙传》中提到的羊愔所游之阮郎亭,今在缙云县南宫山阮客洞旁。该亭建在高十余丈的悬崖上,上有篆书石刻,字极大,相传是汉代阮肇的诗,实为唐代缙云令李阳冰所作。诗云:"阮客身何在?仙云洞口横。人间不到处,今日此中行。"李阳冰为李白族叔,工篆书,自谓"斯翁之后,直至小生,曹喜、蔡邕不足也"。羊愔见此石刻,自然异常欣喜,他与缙云观中道人饮酒,"忽仆地若毙,气息犹暖,乃舁还家,七日方醒"。羊愔醒后,自道遇见了仙官灵英,得食青云芝,并且跟随灵英,历阶遍拜"天王君""华阳大茅君""隐玄天佐命君"等仙官。从此,羊愔

"不喜谷气，但饮水三升，日食百合一盏。身轻，骨节皆动，抖擞如竹片拍板声……如此经一年，清瘦轻健……又二年，不喜百合，唯饮水与酒。三年后，鬓发如漆，面有童颜，行轻似飞，饮酒三斗不醉……后乃往乐安省兄，一日而到。又往天台，亦一日而到。日行三四百里。复归仙都，饵药养气二十余年，后南入委羽山而去"。宋人张君房辑录的道教类书《云笈七签》中所收"羊愔"一条便是从沈汾的《续仙传》而来。后人称羊愔为菇仙，出处也在这里。

道光二十九年重修本
《皿川羊氏宗谱》

按《皿川羊氏宗谱》载，羊愔仅有一子，名羊药，字医国，中唐乾符进士，官至长沙太守。羊药生羊稷，羊稷生羊宛，羊宛生羊功度，羊功度生羊俊仪，羊俊仪生羊辂，羊辂生羊彦澄，羊彦澄生羊明义，羊明义生羊永德，羊氏由唐入宋，世系分明。明末清初思想家黄宗羲《宋元学案·丽泽诸儒学案》中"通判羊先生永德"一条记载："羊永德，缙云人，绍兴进士。官奉议郎、徽州通判。师事成公。著《春秋发微》。子哲，见《括苍汇纪》。"黄宗羲的抄录也有误，按宗谱记载，羊永德生在北宋熙宁二年（1069）正月，登北宋崇宁二年（1103）进士，并不是绍兴进士。羊永德仅有一子，当为羊顺哲，略去"顺"字，不知是否与清朝的避讳有关。

南宋宝庆三年（1227），以河南节度副使致仕的羊千四（三世孙）为《皿川

道光二十九年重修本
《皿川羊氏宗谱》谱序

羊氏宗谱》作序道："盖自大宗法亡，谱牒遂废。唐人尚门阀，不兑于附会牵连，只以为夸，非宗法本意也。惟苏氏老泉，自作世谱，最为精详，用意甚仁，其知古所谓尊祖敬宗之深意。"同年，宋理宗"观朱熹《论语》《中庸》《大学》《孟子》注解，发挥圣贤之蕴，羽翼斯文，有补治道"。此时，宋理宗正是"厉志讲学，缅怀典刑"之时，因此"深用叹慕"，特赠朱熹为太师，追封信国公。由此可见，理学之兴盛已蔚然成势。

　　羊氏后人所作《通判府君传》中有"（羊永德）幼好学，师事东莱吕成公，公甚器之"的记载，此亦有误。羊永德卒于南宋建炎二年（1128）八月，此时，吕祖谦尚未出生，羊永德怎么会成为吕氏门人？此处的吕成公当指南宋初年宰相吕颐浩。羊永德中进士那年，吕颐浩经门下侍郎李清臣推荐，赴大名府任国子监教授。该传记载，羊永德著有《西征集》，收录古风律诗数百首，通《春秋左氏》，作《发微》百篇以进，得到宋徽宗嘉许。该传又载："旋借潭州观察使、金吾卫上将军、接伴副使，撰《虏使问答》一编，上益奇之。咸淳甲戌（1274）登进士，癸未授宣义郎，累迁奉议郎、徽州通判，卒于官。"细读此传，可谓错漏百出，咸淳甲戌，即南宋咸淳十年，而癸未要么是南宋隆兴元年（1163），要么是南宋嘉定十六年（1223），无论哪一年，都在咸淳十年之前，其时间颠倒，令人错愕。再者，羊永德历任官职，仅以接伴副使言，其职务是陪同外族宾客在宋活动。赵昇《朝野类要》载："蕃使入国门，则差馆伴使副，同在驿，趋朝，见辞，游宴。"羊永德若是曾任接伴副使，最有可能是在北宋靖康元年（1126）二月，此时，宋金议和，吕颐浩被释还宋。然而，胡宗楙的《金华经籍志》则指出《虏使问答》为东阳赵彦裓所撰，并记载赵彦裓曾充接伴副使一事。"事讫，撰《虏使问答》一编上之，特转一官。"赵彦裓是吕祖谦门生，曾作为副使随正使洪迈出使金国，曾任宣议郎，累迁奉议郎，卒于眉州通判任上，著有《春秋发微》《西征随笔》。由此可知，羊永德此传，多掺杂赵彦裓的经历，这令羊永德的生平扑朔迷离,只是其背后原因,已无从查考了。

羊永德登崇宁二年(1103)进士,正值蔡京主持"崇宁兴学",这是北宋继"庆历兴学""熙宁兴学"之后的第三次兴学运动,规模庞大。蔡京炮制元祐党人碑也在此时,不许党人子孙留在京师,不许参加科考,碑上列名之人一律永不录用,此举可谓北宋自取灭亡之"捷径"。从客观上来说,"崇宁兴学"不仅整顿和完善中央官学,在太学中强力推行"三舍法",使太学规模空前扩大,而且诏令州县设学,每州县都要设立小学。此一前提条件,便是宋代开创的学田制已经相当完善,仅以福州州学为例,至崇宁五年(1106),福州州学学田已超千顷,较诸景祐四年(1037)朝廷赐给学田五顷,学田增至二百倍之多。此外,还扩建了一大批如武学、医学、算学、画学等专门学校,从而在全国建立起了一个庞大、严密并相对完善的学校网络体系。[1] 王安石的新学在崇宁年间已经被宋徽宗和蔡京"请上神坛",羊永德能够在崇宁年间登第,自然是追随王氏新学的一个士人,只不过他没有想到王氏新学最后成了见证北宋灭亡的"录鬼簿"罢了。

建炎三年(1129)二月,金军南下,吕颐浩拜同签书枢密院事、江淮两浙制置使。不久,杭州发生苗刘兵变,吕颐浩亲率精兵前往杭州勤王。当此内外交困之时,吕颐浩也是艰难支撑。

---

① 田勤耘:《"崇宁兴学"研究》,华中科技大学硕士学位论文,2005 年。

绍兴七年(1137),吕颐浩被封为成国公。南宋的理学家对吕颐浩评价极低,朱熹以为"这人粗,胡乱一时间得他用,不足道"。倒是日本学者寺地遵对他有另外一种看法,在《南宋初期政治史研究》一书中,他指出:"吕颐浩在南宋政权确立的摇篮期间,充分发挥其实务官僚、财政官僚的卓越领导能力,决定了政权的基本地域、政策的优先等级,也确保了国家的财政,尤其是国库的收入,对于政权的巩固,贡献极大。"救助过李清照的綦崇礼曾作《故丞相吕成公挽歌诗辞五首》,其二为:"忆昨初南渡,人情正自危。起平王室乱,笑指楚囚悲。投篆来方锐,乘桴计不疑。还师期克敌,遗恨失斯时。"可见吕成公即吕颐浩,羊氏后人之所以把吕成公改为吕祖谦,恐怕是在面对理学日趋成为南宋主流以及朱学在明清上升为正统的现实之际,往往心生惧意,也会多出一些莫名其妙的篡改与依附。

不论是黄宗羲的《宋元学案》,还是朱彝尊的《经义考》,都没有对羊永德的生平有过怀疑,仅仅抄录了《括苍汇纪》中的相关文字。《括苍汇纪》成书于明万历年间,由丽水何镗编纂。南宋淳熙八年(1181),吕祖谦病故,嘉定九年(1216),宋宁宗赐其谥号为"成",是以人称吕成公。至明代中期,朱学成为正统,在明人的心目中,"吕成公"大概已经成了吕祖谦的代名词,吕颐浩自然无人问津,以致此一误会,如滚雪球般越滚越大。是以(雍正)《浙江通志》在羊永德的条目中增添了"子晢,师成公之子伯愚,学问该博,才思深远,著《指南集》"这样的内容。按《皿川羊氏宗谱》记载,羊顺哲生于北宋绍圣元年(1094)正月,卒于南宋乾道元年(1165)六月,吕祖谦则生于南宋绍兴七年(1137),羊顺哲比他大四十三岁,又如何能够拜祖谦之子吕伯愚为师? 出于同样的原因,《指南翁传》变得不可信,其中"幼从吕成公伯愚游"一句即可疑,至于"学问该博,才深思远。侍父宦游湖海,归隐林泉,一出郡府,人见之辄曰:'此人物样子也。'尤工于诗,著作有古风俪偶,名《指南集》,号指南居士"这样的记载,只能姑且听之,我们只能相信羊顺哲大概是这样的"人物样子"。我们今天仍能看到大皿村的进士坊上有一匾额,上面刻着"宋崇宁甲戌进士羊永德"十个字,此为羊永德十五世孙羊文重立,羊永德在崇宁年间登第没错,然崇宁没有甲戌年,登第是在癸未年(1103)。

羊永德、羊顺哲父子被硬生生地列入东莱门人当中,甚至连羊氏后人也以为理所当然,若说无人怀疑,倒是一件怪事。当代学者戴维在《春秋学史》中已经有所质疑:"紧接吕祖谦的,有其门下弟子所著的一些《春秋》著述,可看成是吕氏这一系统的延续。如羊永德著《春秋发微》,赵彦粔著《春秋左氏发微》十卷。不过这两个人的师承让人有点疑惑,吕祖谦是生于绍兴七年(1137),中进士在隆兴元年(1163),而据《经义考》引《括苍汇纪》,羊永德是绍兴中进士,即在 1131—1162 年,比吕祖谦还早。《经义考》引《两浙明贤录》说赵彦粔是隆兴元年(1163)进士,则与吕祖谦同榜。学生比老师先中进士多有,但这一般是老师久困场屋，而学生又少年得志，但吕祖谦并非久困场屋，他中进士时年仅二十六岁，可说是少年得志。羊永德、赵彦柜年纪与吕祖谦大约相仿，两个早得功名的人拜年纪相仿的吕祖谦为师，似乎有点不合情理，所以有此怀疑。当然只是怀疑，大者拜年小者为师也是有的。"戴维的怀疑终究没有揭开其中隐藏的"秘法"，即人们为了树起理学的大旗，往往需要在这杆大旗下面放置许多不为人知又坚实耐用的"石头"。

羊顺哲生有三子，友仁、友直、友闻。三子姓名当取意于《论语·季氏》中"益者三友……友直、友谅、友多闻"之语。若是羊氏宗谱所载可信，羊友仁生于北宋政和五年（1115）七月，卒于南宋庆元二年（1196）五月，恩授朝奉郎、浙东仓司官属，掌常平、义仓、免役、市易、河渡、水利之法，相当于现在省粮食局局长兼民政、水利、防汛等工作。他先娶了许氏，因许氏无出，继娶宋室宫人黄岩蔡氏，后来"合葬溪上横坞之原庵曰南陔"。此为一大奇事。羊氏宗谱载《朝奉郎传》，谓其好学能诗，所著《鹖冠集》，已佚。羊友直生于北宋宣和四年（1122）正月，卒于南宋淳熙十一年（1184）八月。羊友闻生于北宋靖康元年（1126）四月，卒于南宋淳熙十二年（1185）十二月。我们若将羊顺哲三子的生卒年与吕祖谦的生卒年相比较，同样能一目了然，吕祖谦相当于羊永德的孙辈，若说羊永德拜吕祖谦为师，不免让人产生"欲言又止"的无奈。

羊友仁之子羊舜臣，字必举，号讷庵，生于南宋绍熙三年

(1192)三月,荫授保议郎,卒于南宋淳祐八年(1248)五月,赠武经大夫。《讷庵翁传》称他"资禀端重,不事外饰。雅好清修,戒戕物命。积学优深,两应乡举,不利则叹曰'人生贵适志,奚必徇名役役,自谓宏达耶',不复有仕进意,别号讷庵居士。既而家业益裕,规模宏伟,喜周人之急,凶年赖以保全者尚多。其亲贤乐善出于真情,文物礼乐,人所乐道者也"。羊舜臣生羊椿孙,羊椿孙即羊补之,字顺景,生于南宋嘉定十四年(1221)九月,《望江府君传》说他"好学笃行"。淳祐八年(1248),羊补之赴试至临安,"遇恭人刘氏,无嗣,乃唐侍御鹗之子懂之后也。以故武经大夫、崇道观察使讳佐臣遗命,立为后"。次年三月,羊补之"恩荫授承节郎,监金华县孝顺镇,未任,丁继母刘氏忧。服阙,转溧水县邓埠(今江西省鹰潭市余江区)税务。南宋景定四年(1263),改保义郎、沿江置制司大使,迁忠翊郎,知江陵府公安县,为政甦安,赋平讼静,士民称颂"。此后,羊补之转忠训郎,权知安庆府望江县,"值宋季乱离,解印而归。扁居室曰怡怡堂,与弟同赀业,尝曰:'人家以和而合,由乖而分。合则盛,分则衰,此理之常也。'"元至元三十年(1293)四月,羊补之去世,年七十有三。

《皿川羊氏宗谱》载,德祐二年(1276),武经大夫知镇江府军府事兼婺衢绍等州观察使蒋通应羊补之之请,为《皿川羊氏宗谱》作序:"唐武宗时,侍御史鹗生三子,懂分居石州临江府,忱仕台州乐安县令,憎以明经擢第,解褐嘉州夹江尉,遭杨弁乱，弃官入括之缙云，爱皿川山水之胜，遂居焉。宋靖康间，有讳福，字滨海者，仕至河东节度使，建炎三年(1129)，扈驾南渡，子佐臣荫授保义郎，转修武郎卒，赠武经大夫，即忠训郎补之所继之父也。"蒋通以为羊补之所修宗谱"灿然可观"，修谱的目的，不外"俾为其子孙者，知其祖之所自出，族之所自分，因亲而至疏，自近而及远，推爱敬之义以广其孝弟之心，纠合宗族，续而成之，将传于无穷，不但服绝情尽而已也"。羊氏自羊愔卜居皿川之后，"其后子姓繁昌，人文蔚起。儒林则有若永德公之经术湛深，顺哲公之学问该博；宦绩则有若补之公之甄安凋瘵，原会公之防御寇戎。其他簪缨世胄，济济绵绵，未易更仆数也"。

当然，从羊永德至羊补之，终南宋一朝，羊氏一族始终居于宦海下游。不过，皿川山水秀异，风气完美，比得上王摩诘隐居的辋川，一如皿川八景诗中所云："鞭石飞空势屹然，关河斜渡五云边。山分翠凤中流断，水驾晴虹两岸联。华柱重题仍有慕，客裳远涉不须塞。高车何日复来此，不必移居向辋川。"羊氏族人也始终以"观先世之是非得失""务修德以为保世滋大之基"为己任，如此则"由百世而下，至于千百世，则吾羊氏之泽勿斩，庶可以知祖宗之所从来，子孙之所昌盛"，足以称得"优游礼教德风清"。

只有园蔬一味长

经学家陈鹏飞

一

宋代《尚书》学之繁荣，仅从宋末成申之的《四百家〈尚书〉集解》一书便可观之。宋学流派纷呈，解读、阐释《尚书》的著作层出不穷，蔚为大观。吕祖谦门人时澜在《〈尚书〉详解》"序"中道："《书》说之行于世，自二孔而下，无虑数十家，而卓然显著者，不过河南程氏、眉山苏氏、与夫陈氏少南、林氏少颖、张氏子韶而已。程氏温而邃，苏氏奇而当，陈氏简而明，林氏博而赡，张氏该而华，皆近世学者之所酷嗜。"陈氏少南即陈鹏飞，（光绪）《永嘉县志》载："陈鹏飞，字少南，性简重，言动有法，自为布衣，以经术文辞名当世，从学常数百人，其于经不为章句新说，至君父人伦、世变风俗之际，必反复详至而趋于深厚。两举于乡俱第一，登绍兴壬戌（1142）第，授鄞县主簿，移浙西安抚司。"秦桧之子秦熺曾从陈鹏飞学，陈鹏飞也因秦桧荐举，召为太学博士兼崇政殿说书。此后，除尚书礼部员外郎，兼资善堂赞读，复兼说书。《金华市志》载："陈鹏飞（1078—1153），讳祖铭，字鹏飞，又字小南（当作少南），号鸣翔。祖籍颖川郡。祖上为避黄巢乱，居永嘉百柳坊。……避靖康之乱，遂迁隐于永邑内里乡瀛山下（今属磐安县新渥街道，瀛山今名白云山），建宏厦数十间，名曰'屋楼'。"《东阳百家姓》述东阳陈氏最为复杂，外纪世系往往交叉、重合，串并或矛盾处屡见。其中，引《楼川陈氏宗谱》道："北宋靖康二年（1127），陈鹏飞游学于永康内里乡白瀛溪,遂占籍。其裔居于磐安楼川(屋楼),衍迁于东阳陈宅、麻店、楼西宅、横岩、独来坞等地。"有人以为陈鹏飞的祖上便是从磐安迁至永嘉,陈鹏飞迁回楼川,相当于认祖归宗。东阳屋楼陈氏研究者瀛山居士手中尚存《楼川陈氏宗谱》,南宋右丞相梁克家的《屋楼陈侍郎铭》以及心学奠基人陆象山为该宗谱所作的序皆收录其中,此不仅足以证明陈鹏飞是磐安人无疑,更凸显了他在宋代学者心目中的分量。林光朝称他为"于宇宙中为第一流",其为人为学,足以令人景慕。磐安有陈鹏飞、陈大猷二人前后呼应,可谓宋代《尚书》学的重地。

此前,若想了解陈鹏飞的生平以及学问,后人多依赖叶适的《陈少南墓志铭》以及陈振孙的《直斋书录解题》。叶适作铭是在南宋淳熙五年(1178)三月,应陈鹏飞之子六龄所请,其中提到陈鹏飞卒于惠州后,"会有乡人经略广东,得以丧归,葬于瓯浦之原",又谓"改葬于旧墓南百步先人之侧"。如今得见陆象山和梁克家的记述,对叶适的错漏之处恰可作一补正。陆象山于南宋乾道八年(1172)中进士,淳熙五年(1178)为《屋楼陈氏宗谱》作序,他对陈鹏飞的记载比叶适更细致入微。"始祖鹏飞,讳祖铭,字小南(当为少南),号鸣翔。公配二房,正,玉山按抚公女,崇宁乙酉(1105)成礼。生二子:祚,字国材;礼,字国彰。孙六:曰烈、曰彰、曰则、曰昂、曰济、曰塾。偏,四路张翁女,政和癸巳(1113)九月二日归门。十年不产,后生二女。生二子:裕,字均恒;桃,字均正。避秦桧谋,寄居故好闽赤岸陈家。裕经年入惠侍亲,桃遂客居赤岸陈家,生子二,孙四:曰享、曰亨、曰高、曰京。"陈鹏飞死后,其子陈桃带着眷属十数人从惠州回磐安,长途车马劳顿,路过温州灵溪,"桃子俱梦瓯水恒甘,异灵此地,遂卜之建宅,名曰灵溪"。可见,陈鹏飞的子孙又分出灵溪的一支。梁克家在《屋楼陈侍郎铭》中对陈鹏飞的仕宦经历更有增补:"陈公四十有二,始仕鄞州主簿。二年,复举任钱塘教谕。逢靖康难,迁徙瀛川,隐居读书,授弟子业。隐其名,存以忠。大江南北,胜游山川,西蜀南闽,设馆教授文辞经术……时人崇为当代宗师,登绍兴十二年(1142)进士。经筵论母以子贵,因言罪上,感愤国仇,击节上书抗金,收复失土,桧党恶之,罢官流惠州。公卒绍兴癸酉(1153)正月廿二日子时,寿七十有六。宿墓银川山,远近悼吊者百千,咸痛哭失声。呜呼,贤者岂池中物哉!人中之狮,文中之虎也。陈公生元丰元年(1078)正月十五日卯时,宗系载永嘉鹿城百柳坊,旧谱世系表,追溯颍川,宗拜甘溪,族以木为号。"甘溪即磐安根溪,安文前根溪陈氏始祖为陈叔宝曾孙洗公,陈鹏飞即出自安文前根溪陈氏,后为屋楼陈氏始迁祖。

清乾隆年间进士李明德在为陈氏宗谱所作序中写道:"永邑世家巨族,陈为盛。孝义楼川,家崇山峻岭中,其族尤古,其风朴茂,其子弟文采彬彬多孝秀选,其父老庞眉皓发,守桑麻业,敦诗说礼,历宋元明,奇节懿行,昭映后先,云蒸霞蔚,望而知为姚虞盛德之裔,神明之胄也。先是,吴兴之后有讳玑者,避黄巢乱,自太湖而徙居鹿城百柳坊,越二十四世(应为二十六世),祖曰铭,字鹏飞,宋钦宗靖康元年(1126),以儒道游永康内里乡白瀛山下,乐其山水秀丽而遂家焉。宏建楼厦,因名曰屋楼,生两子,国材、国樟,孙六人,是为六派。今惟永和、清和二派,族实繁。国材讳祚,娶灵山卢氏武节公女,武经大夫之族也,有宦家闺范。乾道岁大歉,常出私帑,以赈济邻里。有司以孝义上闻,朝廷嘉其行谊,玺书褒宠,封卢氏为孺人,改内里为孝义,是卢氏之克嗣太姬徽音也,故其祠额为'孝义名宗'。顺治庚寅(1650)遭土寇之乱,毁于火。乾隆丙辰(1736),永清两派协力庀材,鼎新恢复,而翚飞鸟革,堂构一新,爰居爰处,而神灵妥矣。"《永康陈氏总祠主谱》民国十五年(1926)重修本中,将义丰区、长安区、承训区、升平区、太平区、义和区、游仙区、合德区、武平区以及孝义区等诸派陈氏汇总到一起,以陈鹏飞作为孝义屋楼陈氏始迁祖,其中写道:"刚十讳祖鸣,字鹏飞,号鸿翔,授职教谕。生宋元丰己未(1079)正月十五日,卒宋绍兴癸酉(1153)正月廿二日。娶王氏,生宋元丰己未七月十五日,卒宋宣和甲辰(1124)十月十三日。继娶张氏,生宋绍圣乙亥(1095)二月十一日,卒宋绍兴辛未(1151)三月初一日。"此谱所记陈鹏飞的生年差了一年,当从梁克家所说,是以陈鹏飞生于北宋元丰元年(1078),卒于南宋绍兴二十三年(1153),享年七十六岁。清嘉庆二十二年(1817),陈心广为《楼川陈氏宗谱》作序,道:"玑之二十四世孙讳必遂,试至路钤。其孙讳铭,字鹏飞,宋钦宗靖康元年(1126)以儒道游于婺之永康内里乡白瀛山下",梁克家在陈鹏飞的墓志铭中则有"郁生铭"之语,其中,郁应是陈鹏飞父亲之名讳,如此,叶适《陈少南墓志铭》中称陈鹏飞"祖戬、父公谟",可见"公谟"应是陈父之字。

南宋大臣楼钥有《王夫人挽词》,小注有"陈少南之室",应是为陈鹏飞第一任妻子所作。词曰:"淑质依名士,身期百不忧。藁砧家万里,蓬首日三秋。陶母传遗业,嵇孤托旧游。幽原诵诗传,无愧柏为舟。"此一挽词大抵属于后来追挽,绝非楼钥在王夫人去世时所作。王夫人去世时,正逢宋金联盟以灭辽,是年十二月,京东、河北民以岁荒敛苛,纷纷起而反抗,多者五十万,少者二三万,地方大乱。次年二月,金将完颜娄室在应州(今山西省应县)率军追上辽军残部,俘获天祚帝,至此辽亡。王氏所出,皆居磐安屋楼繁衍生息,陈鹏飞长子陈祚,娶武经大夫卢玩孙女卢瑞为妻,他跟弟弟陈礼分家后,楼川陈氏遂有上宅和下宅之分。卢瑞持家有道,使得陈家富甲一方。南宋乾道年间,江浙一带灾害频仍,乾道五年(1169)四月,"(宋孝宗)振恤衢、婺、饶、信四州流民"。陆象山所作序中道:"屋楼宗祠,越六年而祠成。谱立时,乾道壬辰(1172),期岁大荒,其族出私帑赈恤,代纳二县半之钱粮……惠者耿耿诵于道,有司以义奏状朝廷,旌其族,嘉其行。上御笔孝义宗祠,玺书孝义名宗,颂德报功,屋楼陈门望族,名重一时。"在卢氏的经营下,陈家竟能够"代纳二县半之钱粮",不仅见其富庶,更见其孝义,而"玺书孝

124

义名宗"时在南宋绍熙五年(1194),宋光宗下旨嘉奖,赐其"孝义名宗"匾额,改永康县内里乡为孝义乡,此亦一佳话。

　　陈鹏飞之为磐安人,与留正之为惠州人,颇为相似。世人多以留正为福建泉州人,但是,留正的父亲留铸早年寓居惠州下郭,留正即在惠州出生,明代韩鸣鸾在《罗浮志略》中道:"夫留公生于斯,长于斯,应举于斯,从祀于斯,是土著也。"陈鹏飞虽非生于磐安,其成年后避乱磐安,娶妻生子,"教于斯,从祀于斯",也可以说是磐安的"土著"。叶适谓陈鹏飞"自为布衣,以经术文辞名当世,教学诸生数百人。其于经,不为章句新说,至君父人伦、世变风俗之际,必反复详至而趋于深厚"。叶适在铭中又道:"初,秦丞相子熺学于少南,丞相既重少南,且以熺故,遂骤引用,以博士为讲官。"秦桧罢相是在绍兴二年(1132)八月,随后,秦桧侨居永嘉,"朝野多通问抚慰,有望其复出者",至绍兴六年(1136)六月秦桧起知绍兴止,此一期间,秦桧当在永嘉生活,而陈鹏飞虽卜居磐安,然于永嘉也未断绝往来。《朱子语类》载:"秦桧居温州时,陈尝为馆客。"陈鹏飞成为秦熺的老师,并见知于秦桧或许即在此一时期。绍兴六年六月十九日,秦桧自温州改知绍兴府,曾路过婺州,与王次翁相见,自此相交甚契,《宋史》记载:"桧擅国十九年,凡居政府者,莫不以微忤出去,终始不二者,惟次翁尔。"朱胜非《秀水闲居录》载:"秦桧居永嘉,引用州人,以为党助。"李心传《建炎以来系年要录》对此多有记载:其卷一七八载侯官人林大声因"向自永嘉县丞深结秦氏父子,以致超迁"而遭弹劾并落职;卷一四四载薛弼在"秦桧之闲居永嘉"时"游其门",薛弼是温州永嘉人,其与岳飞亦有交集,曾赴庐山,促岳飞复职,是以岳飞之狱兴,薛弼因与秦桧有旧得免株连。此外,《建炎以来系年要录》卷一五七载:"(林)大鼐初为举子,尝答策言秦桧靖康忠义之节。桧时闲居永嘉,见其文,默识之。"

绍兴八年(1138)三月,秦桧拜右仆射、同中书门下平章事兼枢密使。吏部侍郎晏敦复有忧色,以为"奸人相矣"。十月,赵鼎罢相,秦桧始专国柄。赵鼎尚程学,秦桧主王学,此亦大关键。绍兴十一年(1141)十二月,宋高宗赐岳飞死于大理寺,斩其子云及张宪于市,家属徙岭南。次年三月,金人遣送高宗生母韦太后南返,秦桧等上表庆贺。四月,秦桧子右通直郎主管台州崇道观秦熺登第,陈鹏飞亦登第,后授左迪功郎、明州鄞县主簿。八月二十一日,秦桧随同宋高宗出迎皇太后于临平镇。九月十九日,秦熺试秘省少监。十一月十一日,秦桧议复太学。叶适道:"初建太学,承中原丧乱,士未知所向。司业高闶始更造学法。及少南以文字起,多所接纳,而江左俊秀李冲、詹左、张相、范端臣、林光朝等应其选,由是绍兴之文见矣。上知其名儒,敬待之。"林光朝在太学时,月试作《兵势策》,"譬如婴儿夜啼,拊之不止,唊之不止,卒然灭烛,伏户下为虎啸狐鸣,则其喙如室",因其全用吴语,遭到众考官的讥笑,唯独陈鹏飞极为激赏,以为"此笔当与太史公争衡,必置首选",然不能如愿。是以林光朝每叹"悠悠海内,知我者少"。

绍兴十三年(1143)五月八日,秦熺权尚书礼部侍郎。绍兴十四年(1144)三月二十二日,秦桧进呈讲筵阙官,高闶以资善堂翊善并兼侍讲,尚书礼部侍郎秦熺兼直学士院,而太学博士陈鹏飞兼崇政殿说书。李心传在《建炎以来朝野杂记》中写道:"崇政殿说书,渡江后自尹彦明始。彦明初以秘书郎兼之,后多以命卿监察官……若绍兴中,陈少南以博士兼说书;乾道末,崔大雅以正字兼说书。此则国朝所未有也。"杨邦弼与陈鹏飞为同科进士,两人皆为太学博士,南宋文学家张扩《东窗集》收录的《陈鹏飞杨邦弼并除太学博士制》写道:"朕惟承平之际,士有师友,文章深醇,足以风动四方,表倡后进。越自艰难,学者失职,气格卑弱,顿乖故步。今朕恢复成均,设博士之员而尔等咸以词艺有声场屋,擢在甲科,宜膺首选,其必能为作新斯文以振一时之盛也。"此时的宋高宗尚且以为"王安石、程颐之学,各有所长。学者当取其所长,不执于一偏,乃为善学"。

二

绍兴十四年(1144)八月十四日,宋高宗与大臣论变法,宋高宗以为祖宗旧法已善,不宜轻改。秦桧答以"遵先王之法而或过者,未之有也",获得了高宗的认可。九月,宋高宗与秦桧等人再论变法,礼部员外郎陈鹏飞主张"凡有献利害者,乞加讨论,必合于祖宗之旧,如已试无成,必加黜责",秦桧则认为"天下本无事，宜遵成宪为善"，宋高宗深以为然，自道"小人喜更法，往往谓朝廷无所建明，不知本无事。然法至于弊，乃不得已而更之耳"，君臣一唱一和，俨然如此便可"恢复庆历、嘉祐之治"。十二月，尚书礼部员外郎兼崇政殿说书、资善堂赞读陈鹏飞罢。其因"妄议慈宁典礼"，遭到御史杨愿等人的弹劾。这背后或许少不了秦桧父子的助推。叶适在所撰墓志铭中有所推测："其为礼部郎也，熺为其侍郎。少南谓熺子弟未习事，所下文案多不应法，批其后还之。每见丞相言：'荆、襄可为都，以控接北方。今置郊祀坛、都驿亭，劳费甚矣，是不动吴、越而忘仇耻以自佚也。'及上前讲解，多引尊君卑臣之义，崇抑予夺，有所开讽。自是丞相见少南礼甚恭，意浸不悦，而熺尤不平，遂以御史疏罢归。"陈鹏飞以《尚书》学见称于世，经筵讲学时论及"周平王归鲁仲子之赗"一事，宋高宗问以"母以子贵何如"发问，讲读官"变色踧踖不敢对"，唯陈鹏飞从容应对，谓《公羊》之说非是，叶适认为宋高宗的反应是"欣然听纳"，但更多的记载则称"高宗愕然而怒"。宋代黎靖德编撰的《朱子语类》载："秦桧居温州时，陈尝为馆客。后入经筵，因讲《公羊》'母以子贵'之说为非是，因论嫡妾之分。是时太母还朝，陈遂忤太上意，安置惠州。"宋金和议的重要理由即是迎还尽孝高宗的生母韦氏，以尽孝道，秦桧则"欲尊崇太母，以效容悦"，陈鹏飞却反对尊崇太后，也就表明他对和议不满。

　　陈振孙《直斋书录解题》著录陈鹏飞《陈博士书解》三十卷

（今已散佚），强调了陈鹏飞对《文侯之命》的看法与其自身命运关联极深："今观其书，绍兴十三年（1143）所序，于《文侯之命》，其言：'骊山之祸，申侯启之。平王感申侯之立己，而不知其德之不足以偿怨，郑桓公友死于难，而武公复娶于申，君臣如此，而望其振国耻，难矣！'呜呼！其得罪于桧者，岂一端而已哉！"根据朱玉霞《陈鹏飞〈书解〉研究》有关《文侯之命》的解释，这几乎是直言宋高宗与周平王一样不仅没有讨伐"弑君父"者，反而对其充满感恩。叶适以为"少南性简重，言动有准。自幼而孤，以专志勤苦成其名，于声利乐欲无所动。其学为通博，而多识治乱。在人主左右谋议箴切，皆合大体"。叶适还记载，陈鹏飞被罢官的第二年"主管崇道观。上将复召，有自南还者，执政问少南何为，时适彗见，则对曰：'睹妖星，聚饮为乐耳。'由是除名，居于惠州"。绍兴十五年（1145）二月十四日，翰林学士秦熺兼侍读，同年四月八日"彗星见"，宋高宗遂"避殿减膳"，命监司、郡守条上便民事宜，提刑巡行决狱。同年秋七月，左承奉郎、主管台州崇道观陈鹏飞除名，编管惠州。李心传《建炎以来系年要录》卷一百五十四中写道："侍御史汪勃奏：'鹏飞前在礼曹，陛下崇东朝之养，推尊徽称，礼有自来。鹏飞深切讥议，殊不知先帝之三妃九嫔，秩等公卿，固与庶人之一妻一妾异。鹏飞敢为妖言，妄自标目，无所忌惮，大逆不道。望投畀荒裔，以为造言乱众者之戒。'故窜之。"朱熹虽对陈鹏飞的学问不以为然，但对他的为人很是认可。《朱子语类》卷一百三十二中写道："'永嘉前辈觉得却到好，到是近日诸人无意思。陈少南，某向虽不识之，看他举动煞好，虽是有些疏，却无而今许多纤曲。'贺孙（朱熹学生，叶适之子）问：'少南虽是疏，到在讲筵议论，实有正直气象。'曰：'然。近日许多人往往到自议论他。'"

陈鹏飞前往惠州也是千辛万苦，叶适谓："福建盗起，少南徒步循江南，逾岭数千里而至，妻子不能从。"谪居惠州那一年，陈鹏飞已经六十八岁，住在舍人巷（今桥西都市巷），面湖筑室建亭，湖曰"谪官"，亭曰"窥圃"，悠然自适。人得其尺牍皆珍藏之。在他谪居期间，黄补为惠州教授，因得师友之，黄补"为学专用心于内，而世间利达，不少动其心"。是时，林光朝讲学城南，黄补讲学城东，二者几乎齐名。留正、张宋卿、林光朝皆从陈鹏飞游，地理学家王象之《舆地纪胜·广南东路惠州官吏》中载林光朝谓陈鹏飞"于宇宙中为第一流。孤立洁处，不容于时"。林光朝是上《流民图》的北宋诗人郑侠的女婿，朱熹以兄事之。在《与林晋仲》中，林光朝写道："人生一世，稍稍如所欲便可，做得数件好事；不然读尽天下书，亦复生来分得此券，不谩过此一生也！前不到村，后不到店，乃是伥然而活者，某老矣，所志愿在读书，不当如此扰扰过却白日。"此论大抵与陈鹏飞的处世观类似。陈伯寿或许就是陈鹏飞偏房张氏所出的陈裕，也就是叶适所提到的"六龄"。林光朝曾作《与陈伯寿》，慨言："先大夫于宇宙中为第一流辈，以特立孤处，不容于谗慝者之列……先大夫尝语人'我与谦之（林光朝）未相面，已定交于文墨中'。……尝欲一出永嘉，以斗酒敬酹国子先生之坟，经历家艰，埋伏丘垄，过十年如转臂许。老矣无他念，不知更可哭之荒榛野草之旁否?"足见二人交谊深厚。

归善人陈仲辅博学善属文，工隶篆，尝作枕屏，篆《五箴》文寄赠陈鹏飞。陈鹏飞以诗答谢，其一曰："幕下谁人识杲之，微闻赞画向莲池。登楼不恨乡关远，挂笏只言山色奇。直道自能消鬼魅，高人何处不轩羲。他年坐上话铜狄，可是蓬莱清浅时。"其二曰："阑干一幅鹅溪绢，中有五箴排小篆。古字今文认未了，火

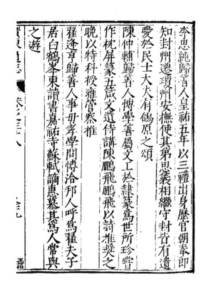

（万历）《广东通志》"陈仲辅"条

剂针铤俱瞑眩。平生卷轴有膏盲①，首尾年来逾错乱。剩储药物走医门，掉头呕冷不下咽。一落泥头千丈强，谢君欲拯非手援。银钩小变科斗文，挂我床头星斗烂。退之处士阳冰手，驱逐习气车轮转。光芒照耀肝胆醒，两眼频看泪如霰。门前恶草

---

① 编者注：此处疑为"肓"字之误。

锄又生,我病七年行复玩。会须着意课儿童,日日床头诵千遍。"所谓吟咏自适,不过是"光芒照耀肝胆醒"。惠州罗浮山最为有名,为道教第三十四福地,陈鹏飞尝于山中游,见卓锡泉而赋诗,诗曰:"披沙觅山泉,不知泉在师锡端。借师锡端卓白石,不见师泉见山锡。须弥芥子本无别,离一离二别胡越。我师胡越俱一家,一念遍满恒河沙。沙河现作天人相,一杯普供人天饷。"

绍兴十八年(1148)八月二十八日,宋高宗顾桧曰:"朕记卿初自金归,尝对朕言:'如欲天下无事,须是南自南、北自北。'遂首建讲和之议。朕心固已判,然而梗于众论,久而方决。今南北罢兵六年矣,天下无事,果如卿言。"此时,陈鹏飞谪居惠州,感染瘴疠。时在惠州博罗县为官的陈士宏(字毅夫,福建莆田人)与陈鹏飞相交莫逆,陈鹏飞病中,陈士宏时常馈药,以至于陈鹏飞有"吾死,命也。所恨不一见毅夫以死也"的感慨。绍兴二十三年(1153)陈鹏飞卒,陈士宏"为之敦匠沐椁,疏记后事,假窆于其所指之处,每一往,哭之如新丧。及许返故丘,毅夫送其柩数百里,岁率走书,问其子六龄者"[①]。学者朱学博对此考证甚详,他指出陈鹏飞病重、陈士宏赠药,后来陈鹏飞病故、陈士宏为其料理后事,这些事情都在惠州发生,且与陈振孙《直斋书录解题》、叶适《陈少南墓志铭》中相关记载互为印证,足见陈

---

① 林光朝:《艾轩集》,《文渊阁四库全书》第 1142 册,上海:上海古籍出版社,2003 年,第 99 页。

鹏飞起初假窆惠州,后来才回迁故土安葬。① 而所谓故土正是磐安。

三

《文献通考》引《中兴艺文志》载:"绍兴时,太学始建,陈鹏飞为博士,发明理学,为《陈博士书解》。"朱熹以为"后世之解经者有三:一儒者之经;一文人之经,东坡、陈少南辈是也;一禅者之经,张子韶辈是也"。除《书解》外,陈鹏飞尚有《诗解》,陈鹏飞解《诗》,则以为《商颂》当阙而《鲁颂》可废。朱熹因此讥讽他,认为他"忒煞轻率"。朱熹指出,陈鹏飞所作序中曾引'思无邪'之说,若废除《鲁颂》,他的引用就成了无稽之谈。后人多从朱熹所说,乾嘉三大家之一的袁枚以为"陈少南欲删《鲁颂》,何迂妄乃尔",清代经学家皮锡瑞以为陈鹏飞"不知三颂有通三统之义"。其实,陈鹏飞是说正如清代史学家全祖望所论"亦取尊君抑臣之义",是以陈鹏飞的《书解》《诗解》皆在此处着眼。朱熹虽不以文人之经为意,有人问他陈鹏飞解《诗》如何,朱熹则答"亦间有好处,然疏,又为之甚轻易",又谓"陈少南于经旨多疏略,不通点检处极多,不足据以为说"。朱熹此言也有些偏颇,实不如明末清初史学家黄宗羲将陈鹏飞归入《赵张诸儒学

---

① 朱学博:《陈鹏飞生平著述考——兼论永川陈少南墓真伪》,《地方文化研究辑刊》,2021 年第 2 期,第 109 页。

案》，以之为洛学后进。顾颉刚弟子刘起釪在《尚书学史》中更是视陈鹏飞为"一传程颐理学反王氏新学的健将"。学者蔡根祥则认为："自靖康之祸至南宋之初，王氏之学稍息，伊洛理学之士纷起，或惩国祸之痛，借《尚书》著述之警戒激励，若陈鹏飞《书说》、张九成《〈尚书〉详说》《书传统论》是也。"是以叶适谓其"既死不泯灭，而南方学者尤思之，至今称焉"，可见陈鹏飞的《书解》《诗解》自是可取之作。

　　学者朱玉霞从林之奇《〈尚书〉全解》、黄伦《〈尚书〉精义》等书所引中辑出陈鹏飞《书解》共九十六条万余字，足以一窥陈鹏飞对《尚书》的理解。朱熹以为陈鹏飞《书解》为文人之经，当然也是出于对陈鹏飞从文学角度解经之特点的考虑，譬如其对《禹贡》中"导山"的解释："天地犹人之一身，山与川犹人之有脉络也。脉之经，其行有常度，而其络则迭相贯理。善导山者，因其所由出而行之，亦犹医者能疏导脉络，使复其故，不能更张而易置也。"以行医喻治水，简明生动。陈鹏飞也善以他经为《尚书》作解，最能发明新义，譬如《舜典》"钦哉！钦哉！惟刑之恤哉"一句，陈鹏飞解作："不幸而有败常乱俗者，舜不得已而用刑，则是舜之所忧也。恤，忧也。孔子曰：'修己以安百姓，尧舜其犹病诸。'夫惟不得已而用刑，则民有不安者矣。民之有不安宜，舜之所以忧也。"此外，陈鹏飞解经审慎，其对《尚书》的考辨虽颇为简明，译注经文可谓信达，"不仅使得经义通顺明朗，且很大程度上淡化了《尚书》经文之晦涩"。① 同为研究《尚书》的磐安学者陈大猷,在《书集传或问》中对陈鹏飞也有征引,如《尚书·盘庚》一节,陈大猷引陈鹏飞语:"自古君子行事,未必尽是。庸常之人,未必尽非。惟君子至公无我,曲尽下情,订其是非,不以人言之异同为意也。常人私心胜而客气高,不顾事之是非以论人言之同异,往往务为刑罚以甘心于异己者,虽事当功成而天下亦由是而不服矣。"

朱玉霞指出,陈鹏飞借助《大学》《中庸》发明义理,一则与宋代"四书"地位的提高密切相关,二则也符合他作为经筵官的身份,所谓"讲读重在发挥经典要义,成就君德"。譬如《益稷》中"安汝止,惟几惟康,其弼直。惟动丕应,徯志,以昭受上帝。天其申命用休"一句,陈鹏飞解作:"大学之道,在止于至善,知止然后能定,能定然后能静,能静然后能安。君止于仁,臣止于敬。既知其止,则反复倒置,无非仁与敬也。所居之位不同,所临之事不一,而皆有一至善以为止。反复终始不忘于止,然后能定能静,至于能安。至于安矣,则举天下之事不能易其止,其虑患也甚微,其应物也出于无心。虑患甚微者,几也;应物无心者,康也。惟几则嗜欲不生于心,惟康则利害不汩于中。嗜欲消而利害之甚者不能汩,则凡弼辅乎我者自然直矣。君能几康而辅弼之臣又直,是惟无动,动则天下大应吾志,而无有逆我者

---

① 朱玉霞:《陈鹏飞〈书解〉研究》,《历史文献研究》,2020 年第 2 期,第 87—99 页。

矣。此不言而信,信在言前之功用也。如此则非惟人应之,天亦将申锡其命以休美之矣。"此论君主修身系于天下,乃宋儒推崇的内圣之道,是以陈鹏飞的《书解》可以作为两宋时期《大学》《中庸》思想影响《尚书》解读的一个依据。此外,《毛诗李黄集解》保留了三十余处陈鹏飞的《诗解》,《诗传通释》中保留了四十余处陈鹏飞的《诗解》,足以窥见陈鹏飞在《诗经》上的造诣,即使他的《五经正解》已经湮没不存,后人能够辑录他的《书解》《诗解》,也足以"尝一脔肉而知一镬之味"了。

陈鹏飞不为人知久矣,陈鹏飞的门人自然也无人关注。永嘉学派的重要学者陈傅良作《承事郎潘公墓志铭》,其中写道:"某先君子与故侍讲陈公鹏飞少南为辈行,以诸叔父从之学。少南之门授经数百人,叔父亟称同舍生,则曰永嘉二潘公,此儿时所常常熟闻也。少南每过先君子,则馆于叔父之心远堂,尝赋诗焉。诸父下世,而诗不存。某盖晚而后识公,因道儿时所闻语,恨不能记所谓心远堂诗者。公欣然为诵之,且及少年时群居事。乃知诸父之言信,前辈遵守其师说不坠忘如此。"①永嘉二潘公指潘朝卿、潘杰,潘朝卿曾和秦熺一同受业于陈鹏飞,秦熺欲其附己,潘朝卿不从,是以终身不第。南宋淳祐三年(1243),宋太宗八世孙赵汝驭守惠州,在郡城西南银冈岭建聚贤堂,陈鹏飞与苏轼、留正等共十二人从祀,又名十二先生祠。

---

① 孙衣言:《瓯海轶闻》,上海:上海社会科学出版社,2005年,第464页。

祠后为晞是堂,堂上有楼,名第一湖山楼,是惠州历史最为悠久的楼堂之一。南宋宝祐二年(1254),刘克庄的胞弟刘克刚知惠州,改聚贤堂为丰湖书院,"以堂为夫子燕居,塑豫章先生(即罗从彦,字仲素,福建人,始从杨时学,绍兴二年以特科授惠州博罗县主簿)之像于晞是堂,别为十二先生祠于堂之后"。

2001年,重庆永川松溉古镇旗山村出土一块清光绪八年(1882)重立的碑碣,中间镌刻"宋先儒陈公少南夫子、晋国先夫人之墓"字样,两侧内容则为"□两先生吾蜀之昌州人,陈姓,名鹏飞,少南其字,晚号潜溪。生南宋,时以贡举入经筵。时秦桧当国,徽、钦北狩。先生慷慨上书,请讨金,忤桧意。逾月,复因议礼不合,遂安置惠州。后荐至粤,□不欲仕,偕孺人归隐永川之松溉,终焉。事载邑乘,崇祀乡贤。殁与孺人合厝于旗山之阳,历今数百年"[①]。此碑碣是邑人潘祖基等二十八人据清代方志所追立,而方志有误,遂误将两个陈鹏飞并作一处。学者朱学博对此辨析甚明,认为陈鹏飞归隐永川乃方志误记,其中永川知县王坛所撰《陈鹏飞传》影响甚大,导致《四川通志》《永川县志》沿袭其说。(光绪)《永川县志》"先儒陈少南夫妇墓"一条还记载了明代诗人罗茹拜谒陈少南墓时所作的一首诗:"荒冢累累江上阿,谁怜风韵等东坡。考亭已重文人选,晁氏犹存诗解多。合葬有铭苔掩映,荒丘无主柳婆娑。我来一拜增惆

---

① 王昌文:《宋代经学家陈鹏飞夫妇墓碑析》,《永川文史资料选辑》(第30辑),第177页。

怅，遥想瓣香意若何。"其中"合葬有铭""我来一拜"等文字说明
罗茹曾亲自拜访过陈氏夫妇的合葬之墓，可见明代已有"永川
有陈少南墓"的传言，后来清代后人据方志追立墓碑，又使传言
多了几分"可信度"。其实，陈鹏飞的履踪及于西蜀南闽，于松
溉开馆授徒也在情理之中，松溉陈鹏飞的形象显然参考了磐安
陈鹏飞的生平。至于罗茹拜谒的"陈鹏飞"，或为与南宋文学家
刘过有交往的陈鹏飞，刘过与刘克庄、刘辰翁并称"辛派三刘"，
生于绍兴二十四年（1154），曾作《寄陈鹏飞》，诗云："往事游边
忆少年，未尝携刺五侯门。春风跃马汉南道，落日椎牛淮上村。
科举未为暮年计，穷途不忍向人言。男儿慷慨头当断，未有人
施可报恩。"此一"陈鹏飞"归隐松溉或有可能，只是无从寻觅他
的踪迹。

四

南宋淳熙、祥兴年间，陈鹏飞的子孙为士者凡一十四人。
其中陈伯寿交游颇广，留下了诸多记载。永嘉四灵之一的赵师
秀有和陈伯寿诗——《官田之集，翁聘君失期，陈伯寿赋诗率尔
韵》，诗云："好水不厌阔，好风不厌凉。况有十顷荷，荷风媚波
光。主人昔谓余：此境不可忘。举觞集群英，期以朝未央。清
欢遣丝竹，善谑停优倡。快若鱼脱网，适比鸳在梁。搴芳衣履
湿，饮渌肌骨香。操觚赋相联，妙续楚九章。苦吟堕饥蝉，巧咏
发轻簧。常胜或倒戈，突出或擅场。或峙而遽蹴，或抑而载扬。

所欠独巨翁,不使人意强。孱祸尔何为?竭飒立在傍。有间众稍嘿,谈辩忽汪洋。夕风亦损荷,万事付巨量。"在《与陈伯寿》中,林光朝又曾提及"如或牵掣不果来,刘司户复之不出一二月到永嘉,便到先大夫墓下,以某故,于伯寿无隐情。此为屋下人,若朝夕从之游,颇好耳"。刘司户复之即刘朔,他是林光朝的学生,也是刘克庄的叔祖父,绍兴三十年(1160)试礼部第一,廷试擢甲科,调温州司户。陈伯寿之交游往来,从中可见一二。

同为永嘉诗人的许及之与陈伯寿、陈仲至父子相善,他有《次韵陈伯寿食黄雀有感》《次陈伯寿分韵得者字》等诗。《次陈伯寿分韵得者字》云:"南浦家庖亦烟火,何事胸中太潇洒。少提笔力老更坚,不信昏金徒巧瓦。一官姑混录录中,三生岂是悠悠者。秋镫夜课阿戎读,高筑诗坛洁莲社。人传绣口仍锦心,我诧琼杯并玉斝。阿戎官学两俱长,金固在镕非跃冶。转庵忽传分韵作,咳唾珠玑来笔下。挽回巫峡使倒流,快注银河见高泻。敢陪驿骑策疲驽,绝喜风樯追阵马。爱诗未足老犹贪,染指更尝犹靳舍。只惭狗尾聊续貂,安得曲终成奏雅。吟哦未了忽开予,拟约凭高共纾写。"另有赠别陈仲至的诗,如《送陈伯寿之子仲至迎侍赴嘉兴秋官》:"携李官为李,春风饯此行。义方非禄养,祖武是家声。画诺须三语,哀矜在一成。黄堂应坐啸,执别寸心倾。"由此可知,陈鹏飞后裔并没有销声匿迹于历史之中,只是承其经学之衣钵者鲜有其人罢了。

清词三大家之一的纳兰性德在为永嘉蔡节《〈论语〉集说》

所作序中写道:"而著群经说者,若陈鹏飞少南、薛季宣士龙、张淳忠甫、叶適正则……皆有成书著录。谚曰:'温居瀛壖,理学之渊。'不信然与?顾诸君子之书,或存或亡,不可尽得,予序蔡氏《集说》而附及之,盖将以求所未见焉。"陈鹏飞的著作不传于世,其实从王安石的新经义诸作皆失传中便可窥见端倪。刘起釪曾感慨道:"这卓然有新见的王安石著作,在当时统治学坛且数十年,影响不能说不广的书,却被他们制造种种舆论优势,进行各种口诛笔伐,终于'斩尽杀绝',使王氏这部盛极一时的有关《尚书》的名著不能保存片纸只字下来,真可说是焚坑以后的又一小小的奇祸。"①

或许陈鹏飞不曾预料到这种结局,又或许他早已洞悉这种必然的转向,所以淡然处之,一如他谪居惠州之际,面对满园果蔬,心中便生出一种无限的乐趣,所谓"手撷春畦爪甲香,黄薤紫笋快先尝。我今骈邑无三百,只有园蔬一味长"。此"一味长"可与罗从彦《颜乐斋》互为印证,"山染岚光带日黄,潇然茅屋枕池塘。自知寡与真堪笑,赖有颜瓢一味长",可见他们"不谩过此一生"的人生实践。

---

① 刘起釪:《〈尚书〉学史》,北京:中华书局,2017年,第231页。

平生湖海气何高

倪千里和他的家族

一

据说宋代是知识分子最向往的一个时代,历史学家陈寅恪
即认为"华夏民族之文化,历数千年之演进,造极于赵宋之世"。
然而,对于我们这些与其相距甚远的后人来说,怀念天子与士
大夫"共治天下"的盛景,其实不过是"距离产生美"。我们欣赏
超新星爆发时星光的璀璨,而不会因其背后的剧变感到惊惧,
这是因为距离足够远,恒星的死亡不会给我们增添任何忧虑。
但对于身处两宋之交的岭干倪氏来说,赵宋王朝的种种变化不
再只是留存在纸上的墨迹,而是直接关乎着整个家族的兴衰。

《东阳百家姓》记载,倪氏主要源自曹姓,黄帝后裔郳武公
次子封于郳,子孙以国为姓。战国时,郳国为楚所灭,为避仇,
改郳为倪,其后人多奉汉武帝时御史大夫倪宽为始祖。倪千里
的曾祖名倪记,字问之,别号中岳主人,河南荥阳人。他是北宋
嘉祐八年(1063)进士,也是在这一年,宋仁宗驾崩,英宗赵曙
继位。

一段接近于士大夫理想的岁月行将远去,倪记所要面对
的,是一个危机四伏、党争兴起的时代。宋英宗即位不久,朝中
就出现了濮议之争,论战的一方是欧阳修、韩琦等宰执大臣,另
一方则是以司马光为首,以台谏官为核心的礼官、侍从群体。
欧阳修派主张英宗对濮王应当保留父亲的称呼和名义,称其为
"皇考";司马光派则主张英宗应当称濮王为"皇伯"。赵冬梅在

《大宋之变》中指出:"宋朝思想文化的一大特征就是对于名义秩序特别能坚持,主张用礼义来抵御权势,使在上者屈服,克己复礼。"这场论战最终以"皇考"派获胜告终。

然而,宰相和台谏官相互攻击的恶习也自此产生,并直接影响到王安石变法时期的政治生态。神宗时,王安石推行变法,不仅是为拯救宋朝濒临枯竭的财政,为王朝的运转提供支持,更是为建立一种理想的儒家道德社会秩序。正如刘子健在《宋代中国的改革:王安石及其新政》中所说:"王安石政策的重点不在于法律的颁布与执行,他也并不将'富国强兵'作为头等大事,他的最终目的在于改善社会风俗,期盼实现一种完美的社会秩序('至治之世')。"日本学者寺地遵也指出:"他(王安石)所说的理财即是以生财——生产力的扩大与发展——为基本考虑,并非皇帝、百官等经济统制者所标榜之富国强兵,只主张将民间财富集中至中央。"但政策的施行往往与理想悖离,失控的变法衍生出长达五十多年的新旧党争,其苦果不仅是理想幻灭,更让奸臣得以当道,加速了北宋王朝的覆灭。

是时,倪记累官左司谏,正直敢言,不避权幸。在变法一事上,倪记与司马光等保守派的想法更为接近。他先是弹劾"薛向变法当诛",继论"中丞舒亶专恣陷正党恶数事",又论"曾公亮无耻嗜利,久窃大位,宜亟斥逐"。此三人皆与王安石有莫大的干系。薛向擅长理财,王安石上任后便召薛向入朝参与被称为"熙宁第一新法"的均输法的制定;舒亶则是王安石变法的主要参与者之一,同时也因身为"乌台诗案"的主要促成者而"臭名昭著";曾公亮是福建晋江人,王安石正是他举荐的,他对变法在前期的推行起着至关重要的作用。

不久,倪记为曾党所弹劾,黜判台州军府事。六年后,徙判婺州。又五年,报罢。倪记在开封的时候,与滕甫相交甚厚。滕甫是东阳人,字元发,北宋皇祐五年(1053)进士,历任开封府推官、盐铁户部判官。神宗时,滕甫初进知制诰、知谏院,后升任御史中丞。神宗曾召他问治乱之道,滕甫对曰:"君子无党,辟之草木,绸缪相附者必蔓草,非松柏也。朝廷无朋党,虽中主可以济;不然,虽上圣亦殆。"可谓洞若观火。滕甫因上疏陈述京师郡国地震致灾之由,招致朝中大臣不满。大臣欲排挤他出京,派他出任秦州知州。倪记为此上疏"学士滕甫忠正,不宜外补",让滕甫出知秦州也不合神宗的心意,因此,滕甫得以留京。后河北地震,神宗命滕甫为安抚使,滕甫到任后"瘗死食饥,除田租,修堤障,察贪残,督盗贼,北道遂安"。值得一提的是,《故龙图阁学士滕公墓志铭》出自苏轼之手。苏辙长子苏迟因知婺州,后侨寓金华。苏迟为民奏减罗额,父老德之,为立生祠,并祀其祖洵、伯轼、父辙三先生。此后,南宋婺州义乌青口吴宅桂堂刊印《三苏先生文粹》,三苏之学随之在金华兴盛。以三苏为代表的蜀学,后来与以王安石为代表的新学、以二程为代表的洛学,同萃于金华,而集其大成者便是婺学,足见金华人文之盛。

北宋熙宁十年（1077），京师旱，诸路旱，宋神宗为此焦虑万分，"诏开封府界，京东、西，河北转运、提点刑狱司各访名山灵祠，委长吏请祷"。四月，宋神宗遣官祷雨，"内出《蜥蜴祈雨法》，试之果验，诏附《宰鹅祈雨法》颁行之"。可是到了七月，雨水竟然不停，宋神宗分命辅臣祈晴于郊庙、社稷，然而毫无反应。《宋史·河渠志》载："八月，（黄河）又决郑州荥泽。"倪记的家乡荥阳，一时"闾里漂荡"。葛全胜等人在《中国历朝气候变化》一书中指出："北宋黄河水灾远超前代，黄河决溢和迁徙均创历史之最……从建隆元年到靖康二年（960—1127）的一百六十余年中，有黄河决溢记载的年份达六十六年。"该书进一步分析北宋黄河河患频繁的原因，认为一方面与当时的降水有密切联系，另一方面也与宋廷朋党之争相关。"北宋前期曾利用水利设施在宋辽边界白沟河一带构建了阻止辽国骑兵南侵的东西数百里防线，黄河两分后，宋廷对塞东而留北派以'堵水为塞'拒辽，还是使黄河统归东流，因朋党之争而莫衷一是，一任黄河北东摆动而误国误民。"若说倪记远谪江南是另一种幸运，倒也不是虚言。从此，倪氏在金华开枝散叶，渐成地方大族。

倪记谪台郡时，曾赋《赤城署中同滕学士观梅》："官邸逢元日，梅边共举杯。春风频劝我，花片入金罍。万里乡关异，十年怀未开。幸逢知己者，拙句有敲推。"个中情怀，到底有一种寥落在，倪记之不遇，与滕甫之得遇，便是时运的作为。滕甫也有《怀赠司谏公二首》，其一曰："频年嗟远别，何日晤诗赓。故国青山旧，忧时白发新。愁嫌樽酒尽，贫幸草堂成。伫立思君处，秋深古婺城。"其二曰："昔忆汴州日，轩窗无限春。忘形惟我尔，醉酒任天真。长叹偏吞月，尘怀不在莼。何当仍结社，野服共纶巾。"只不过当时之际，两人如何能够"醉酒任天真"？回忆当年开封共事，无限的春景让人忘形，曾经同为谏官，自然志同道合，如今相隔天涯，不免感慨良多。

出于跟滕甫的交谊，倪记后来定居滕甫的家乡——东阳西南隅的淡竹涧。淡竹涧两边是东、西岘峰，东岘峰有滴水岩，晋时殷仲文曾在山上立亭。倪记有一首《岘山览秀》如是写道："我爱岘山奇，芙蓉沐秋雨。分明翠屏风，掩映新院宇。高登豁心目，精坐俨宾主。何时造绝巘，凌云·远举。"可见山水佳境，淡竹涧正是好去处，倪记因此成为东阳倪氏尊奉的始祖。《乌岩倪氏宗谱》所收倪记像赞曰："渊源学海，锦绣词宗。天生骨鲠，朝望人龙。"其"骨鲠"之气历经数代，传至倪千里而不减分毫，此是后话。

倪记只有一个儿子，便是倪伯颙，字子敬，号康侯，北宋元丰七年（1084），联姻帝室，尚靖安王郡主。《子敬公传》记载，倪伯颙"孝谨谦退，学赡材高。喜为诗，清新俊逸，绰有盛唐风致。雅善笔札，逼真右军"。据说每天请他题字的人络绎不绝，他的名声因此显著，后来因倪记谪迁婺州，倪伯颙向朝廷恳请与郡主一起南行，以侍奉双亲。靖康之变后，"高驾南奔而河南故国俱没残金，空怀黍离之悲，无复首丘之望矣"，倪伯颙最终"附籍东阳而终老"。

《乌岩倪氏宗谱》收录的两首倪伯颙的诗，都与岘山有关。一首为《岘山览秀》："南山对我几能忘，适兴时还数举觞。倦鸟归栖身共逸，垂松挺秀岁俱长。留题自得陶公趣，封号何劳秦帝庄。风月两宜晴更好，几多秋色与春光。"一首为《禅林避暑有怀》："避暑寻幽贝叶房，疏帘昼永坐焚香。新蕉舒绿明朱幌，修竹摇青拂粉墙。风过松声箫瑟奏，云移山色画图彰。汴城幻梦多如许，睡觉南窗一枕凉。"倪伯颙所著《南游稿》《寄东杂咏》《西岘集》等，今悉数佚亡，所谓"文章政事不为时用"，这也是很可惜的事情。宗泽（疑为托名）为其所作像赞如是写道："少隆问学，壮赫才名。功虽未施于社稷，心乃轸念乎民情。缔金枝为戚畹，纂玉牒以辉腾。"足见倪伯颙"性行均淑，风范端凝"。

倪伯颙生二子，一曰坰，一曰培。倪坰，字得仁，别号绿墅先生，因是郡主的儿子，倪坰得以恩补太学生。《绿墅公传》对倪坰有这样的记述："苦心力学，造诣精进，思如泉涌，挥数千言而立就，奇崛谨严，得柳州风度。"可见倪坰对柳宗元的文法颇有心得。倪坰中教官科后，出任明州学正，在职期间"训诲有方，多所成就"。南渡以后，倪坰休致东阳，一晃十余年。倪坰生三子，长子千里，次子千石，三子千英。倪千石复迁婺州石门，倪千英徙居浦江株山。而东阳倪氏，自千里始，一举成为当地望族。

二

　　倪千里的生平,金华地方志多有记载。《两浙名贤录》有
"起居舍人倪起万千里"一条:"倪千里,字起万,东阳人。七岁
能默诵九经诸子,入上庠,月书龟列(或指司马迁《史记·龟策
列传》),学者宗之。登淳熙进士,议论文墨籍甚一时,开门授
徒,户外履满。以县最擢御史,公馈不入门,私书不出国,退食
萧然如山居,迁右正言,以言事忤大臣,除起居舍人,兼国史编
修、实录检讨,并兼侍讲,卒于位,特赠右文殿修撰阶朝奉大
夫。"明代应廷育的《金华先民传》、郑柏的《金华贤达传》对倪千
里的记载也大抵如此,倪千里中南宋淳熙十四年(1187)王容榜
进士,是年宋高宗驾崩。

　　南宋绍熙四年(1193),五十一岁的陈亮考中状元,恢复中
原的志气依然不曾减弱,在及第后的谢恩诗中,陈亮还高唱着
"复仇自是平生志,勿谓儒臣鬓发苍"。是时,倪千里出为苏州
府学教授,他重视教育,对一地的士子总是多加照拂。南宋庆
元二年(1196),倪千里写信给戴溪,请他予文作记,故有《吴学
义廪记》。戴溪是温州永嘉人,世称岷隐先生,淳熙五年(1178)
进士,此时,已经升任太学学录兼实录检讨官。戴溪在文中记
道:"东阳倪千里起万,以绍熙癸丑分教姑苏,始至,计粮食不足
以养士,考核宿弊,学有羡积,增养士员,彬彬盛集矣。"同样,
(正德)《姑苏志》亦载:"(倪千里)复作义廪以资礼文之费,其余

以助士贫而亲不能葬与孤孩之遗弃者，刻诸学宫，条目井然。"

苏州在北宋政和三年（1113）升为平江府，项安世写给倪千里的赠诗《和平江府倪教授送行》如是写道："拜辞初下九天来，乞得斑衣学老莱。六月火云烘去艇，三山风露隔飞埃。多情送我诗盈轴，何意辞君酒一杯。后夜相思江雨黑，短檠寒焰锦囊开。"

（道光）《苏州府志·学田》

据此诗，倪千里离开苏州应是在六月。项安世，浙江括苍人，淳熙二年（1175）进士。绍熙四年（1193），项安世除秘书省正字，次年，转为校书郎兼实录院检讨官。他和倪千里的交情究竟始于何时，不得而知，倪千里写给他的诗也无从得见。项安世还有一首《用韵送倪教授千里》："吟罢随州路口诗，先生书剑此东之。边城他日无斯士，病叟中年惜所知。出处如今方永隔，逢迎何处是前期。故人若问孙文宝，闭户焚香读坎离。"诗中所言孙文宝，即以"头悬梁"闻名的孙敬，因家贫，他编杨柳为简抄书,晨夕闭门苦读,时人称之为"闭户先生"。项安世用此典故或是想表达知音离去后自己将闭门苦读、不问世事之意。此诗道倪千里"书剑此东之",也许倪千里此时正将从苏州转任杭州。

当是之时,韩侂胄权势日盛:先是与知枢密院院事赵汝愚等人密谋,逼宋光宗退位,拥立宁宗,史称"绍熙内禅";随后又向宁宗进言,使赵汝愚被罢免;自此韩侂胄大权独揽,扫落政敌,定理学为伪学,罢斥朱熹等理学家,促成"庆元党禁"。项安世率馆职上书请留朱熹,遭到弹劾,最终也以伪党被罢免。开禧北伐,项安世起知鄂州,迁户部员外郎、湖广总领。对于北伐,他和辛弃疾、叶适一样,志在恢复中原,可惜时运已非他们所能扭转。

韩侂胄是北宋名臣韩琦的曾孙,韩琦曾和范仲淹一起抵抗西夏,极有威望。在宋金关系上,韩侂胄同样是主战派。他力主北伐,为此崇岳贬秦。在他的影响下,宋宁宗追封岳飞为鄂王,南宋开禧二年(1206),又下诏追究秦桧误国之罪,将秦桧的谥号由原先的"忠献"改为"谬丑",此举堪称对岳飞案的彻底平反。

然而,祖先的功业与北伐的激情让韩侂胄忽略了南宋早已无力支撑的现实,在未做充分准备的情况下,南宋贸然发动北伐,数路进攻皆以失败告终,只能向金人求和。金人要求斩首韩侂胄,未果。开禧三年(1207)十一月,韩侂胄上朝时,被中军统制、权主管殿前司公事夏震等人截至玉津园夹墙内暗杀。同年，一生力主抗金的辛弃疾病死。第二年便是嘉定元年（1208），项安世卒。

综观韩侂胄之行事，我们纵然无法以英雄称之，但也不能将其视为全然的奸臣。韩侂胄在后世形象的建构，与其政敌和南宋理学中人对他的否定态度密切相关。贾连港《"韩侂胄事迹"的形成及流转》认为："韩侂胄向来被后世视作南宋最主要的四位权臣之一，在当权的十余年间也曾权倾一时，然而身死之后，某种程度上却成了'失语者'。史弥远因诛杀韩侂胄而攫取相位，上台后对韩侂胄及其当政时期的历史进行重新修订，这些修订的结果被实录、国史所因袭，构成了今天研究韩侂胄的史料基础。"李超在《南宋庆元"伪学逆党籍"真伪考论》中进一步指出："南宋后期理学逐渐为朝廷所尊崇，在政治上、社会上都产生了很大影响，流传至今的大量史学著作、文人文集、笔记小说等等，不少都出自理学中人之手，或深受理学思想侵染，庆元党禁让理学中人对韩侂胄大多心存恶感，故而这些著作在论及韩侂胄时也基本持否定态度。"其实，令其恶名昭彰的"伪学逆党籍"，其实并未被朝廷正式颁布、实施过，我们今日所见，实为李心传出于将庆元党禁与元祐党禁联系起来的目的而重新整理出的产物。李超指出："经过靖康之变，南宋士人对北宋中后期的新党与旧党之争基本上已形成共识，就是将司马光、吕公著等旧党中人视作贤人君子，元祐政治更是被视作值得追忆与效仿的典范,庆元年号即是由庆历与元祐两个年号组合而成;而站在旧党对立面的蔡京等人,则已成为无可非议的'奸臣'。""将朝野对道学的攻击比附为北宋晚期蔡京等人对元祐党人的打压,乃是在道学群体中非常流行的做法,李心传的行为实是这一风潮下的产物。只不过他的做法显然更为'成功',对后世之人看待庆元党禁所造成之误解似乎也更为深刻。"自此理学扶摇直上,几乎笼罩了辛亥革命爆发前的每一个世纪。

幸运的是,倪千里并没有被牵涉到庆元党禁之中。《乌岩倪氏宗谱》记载,倪千里"以知信丰县,擢知广德军,寻升御史"。宋代明确规定,未经两任县令者不得任御史之职。又规定,御史有闻风弹人之权,每月必须向上奏事一次,称为"月课";上任百日,必须弹人,否则就要黜为外官,或者罚俸,称为"辱台钱"。

《宋会要辑稿》记载,倪千里担任监察御史是在南宋嘉定年间。嘉定六年(1213)四月十五日,前殿中侍御史林琰放罢,宫观徐宏降职,因倪千里进言,"琰昨任台谏,一向徇私;宏过恶暴著,实骇听闻";五月二十六日,倪千里进言,"朝廷取士,莫重于大比。士子求仕,莫重于始进",为了保证选举公平,使"几法行自近,士心胥服",倪千里请求宋宁宗采纳其建议,"戒敕朝士各守成法,无得妄陈服属,多牒人数。揭榜审核,如有伪冒,定与驳放,牒官、保官并行弹奏";八月一日,"新除刑部郎官商逸卿与在外差遣。以刑部尚书兼给事中曾从龙言其比守辅藩,有大辟狱,省部督趣数十次,更无一字回报,先有是命。既而监察御史倪千里复言逸卿分符嘉兴，弛谬荒恣，乞罢处州"；八月二日，"知镇江府俞应符放罢。以臣僚言其比知宁国，托名修城，多破官钱，先有是命，既而监察御史倪千里复言其守京口，苛刻聚敛，乞褫秘阁修撰职名"；八月五日，"国子监发解，命监察御史倪千里监试"，枢密院编修官葛洪等人点检试卷。葛洪也是东阳人，字容父，淳熙十一年（1184）卫泾榜进士。嘉定六年十一月四日，倪千里针对田赋之弊，又上言道："臣窃惟常赋之外，诛求苛刻，其为名件，未易悉数，请择其尤为民害者为陛下言之：一曰催科差役，二曰词讼批欠，三曰畸税漏催，四曰文引乞觅，五曰输纳过取，六曰科敷无艺。"倪千里认为民间常赋的丈尺版籍自有定数，眼下则有畸税漏催之弊与文引乞觅之弊，为此他恳求宋宁宗施行其建议，令诸监司禁戢州县，更革措置，并及时劾治奉行不虔者。其言切中时弊，宋宁宗从之。

身为监察御史，倪千里"精明恭俭，节慎勤清"，唐汝楫在像赞中称赞倪千里"荐熹斥胄，竭忠于廷"，《至庵公修墓碑记》也说倪千里在担任侍讲的时候，向宋宁宗奏用朱文公疏，斥韩侂胄，让士人景仰。然朱熹死于庆元六年（1200），韩侂胄则死于开禧三年（1207），而《宋会要辑稿》载，倪千里迁右正言兼侍讲是在嘉定七年（1214）十一月。如此看来，倪千里"以言事忤大臣"时所触怒的对象，定然不是韩侂胄，或许是史弥远。嘉定七年，倪千里仍然在监察御史的位置上尽忠尽职，史弥远得政后，"廷臣俱务容默，无敢慷慨尽言者"，唯独倪千里例外。是年正月六日,倪千里上言:"治道以人才为急,人才以培养为先……今省闱在近,宜加申敕,革假手怀挟之弊,择实学多闻之士,识见取渊源,议论必醇正,毋循故事,视为虚文……夫多文为富,各随所长,期通诸理,粹然一出于正。前辈之文可效可师,何止一家?不必尽泥此十数之作也。培养人才之道,无越于师。"倪千里所强调的,其实就是荀子所说的"国将兴,必贵师而重傅"。

我们再来看看嘉定七年(1214)倪千里密集的弹劾记录。《宋会要辑稿·职官·黜降官》记载,正月六日,新知郁林州赵粹夫被罢免,因倪千里弹劾他"素行亡状,贪心益肆,巧图躐取";二月二日,知宁国府赵善宣被罢免,因倪千里弹劾他"素无才术,且乏廉称";三月二日,干办诸军粮料院董与几被罢免,因倪千里弹劾他"事亲不孝,居官不廉";三月八日,淮东提举谢周卿被罢免,因倪千里弹劾他"假守黄州,帑藏充盈,妄用无艺";四月六日,宫观指挥张泽被罢免,因倪千里弹劾他在韩侂胄专权时"夤缘姻党,躐居谏长",韩侂胄败后,"仅黜职罚祠",如今"又巧于经营,再畀祠廪";四月八日,知安丰军郭绍彭被罢免,因倪千里弹劾他"才望素轻,牧御无术";五月二日,提辖文思院余铸被罢免,因倪千里弹劾他"所至以阴险之术倾陷同列,今登朝列,故态不改";七月五日,新知绵州郭公爕被罢免,因倪千里弹劾他"识趣既卑,侵盗无艺";十月六日,湖南提刑张声道被罢免,因倪千里弹劾他"倚权妄作";十一月八日,赵不懹等三人被罢免,因倪千里弹劾他们"刻剥民财,盗窃公帑,充斥私家,如出一律"。

倪千里的谏言中,还有一例值得注意,那便是进言特奏名为害之深。特奏名是宋朝科举制度中的一项特殊制度,它允许多次考进士不中者,另造册上奏,经过许可附试后,特赐本科出身。这一制度被称为"特奏名",与"正奏名"相区别。特奏名始自北宋开宝三年(970),在真宗朝中后期逐渐形成制度,到南宋灭亡时,两宋由特奏名登科者多达五万余人。张希清《中国科举制度通史·宋代卷》指出,特奏名的作用,一是"时得遗才";二是"笼络士人";三是通过贡举科名和官衔,赋予滞留民间、长期不能出仕的士人一定地位和势力,使他们为地方建设出力,但同时也增加了他们"作威作福"的风险。不论特奏名制度在宋初多有成效,时间一久,不但使宋朝的冗官数量大幅增加,还使一大批士人"不务实学""冀希恩泽"。嘉定七年(1214)五月二日,倪千里即为此上奏,他直言:"若人等(指特奏名者)日暮途远,苟有幸门,何惮不乘?今日既已重费得官,他日筮仕,必将取偿于民,何所不至?"道理浅显易懂,然而,赵宋王朝为笼络士人、维护自身统治,沿用特奏名制度不废,使其最终成为王朝覆灭的"助燃剂"。面对积弊累累的赵宋王朝,倪千里始终没有忘记身为谏官应有的责任与原则,哪怕凭一己之力如螳臂当车、杯水车薪,他也未曾放弃为理想中的社会而努力。

三

清代黄宗羲《宋元学案》中有"侍讲倪先生千里"一条："倪千里,字起万,东阳人也。学于止斋,传其春秋之学。淳熙进士。户外之屦恒满。累官监察御史,公馈不入门,私书不出閾,退食萧然如山居。迁右正言,以论事忤大臣,除起居舍人,至侍讲。卒,赠右文殿修撰。"止斋即陈傅良,温州瑞安人,是永嘉学派的代表人物,与永康的陈亮并称"二陈"。陈傅良与吕祖谦相善,两人在学术上互相影响,各有增益。倪千里虽列在陈傅良门下,其实他早年也受学于吕祖谦,足见婺州与永嘉两地在学术上有着千丝万缕的联系。在《宋元学案·止斋学案》中,黄宗羲把唐仲友、戴溪都列为"止斋同调",又记录了倪门中人虞复。虞复是义乌人,曾上《缉熙殿四十八规》,强调"敬天命""尚儒术",得宋理宗赞赏。虞复因反对史嵩之的专权而被降职,最终以朝议大夫致仕。

北宋熙宁时期,王安石主持施行贡举新制,将《春秋》排斥在五经之外。直到靖康元年(1126),朝廷才恢复太学的《春秋》博士。王宇在《南宋科场与永嘉学派的崛起——以陈傅良与〈春秋〉时文为个案》中指出,南渡以后,宋高宗推崇《春秋》,是因为《春秋》学中"尊王攘夷"的传统命题能够凸显宋高宗相对于伪齐的正统地位。陈傅良在科场的成功靠的便是《春秋》学,其《春秋》时文深受吕祖谦的影响,被评为"奇异芽甲"

"新语懋长"，所著《待遇集》最是切合科举实用，风靡一时。而倪千里传止斋的《春秋》之学，恐怕也是为了在科场上少些蹭蹬。

葛洪早年受学于吕祖谦，吕祖谦主张"明理躬行"，此为葛洪一生所践行。倪氏、葛氏同为东阳望族，倪千里与葛洪更有姑侄关系。南宋乾道六年（1170）前后，倪千里娶葛评之女为妻。葛评乃葛洪祖父，倪千里就成了葛洪的姑父。葛洪的《蟠室老人文集》收录数首寄赠倪千里的诗，其中，《倪起万就室严陵五诗赠别》最有理致。"就室"本指夫妻同房，后引申为成家的意思。"严陵"当在桐庐，桐庐有严陵濑，相传为东汉严子陵隐居钓鱼处。古人至东阳，如走水路，必经严陵，譬如宋人张方平有诗云："君过严陵濑，扁舟入婺溪。"葛洪的赠别诗共有五首，其一曰："婚礼废云久，所行非昔传。眉面竞华靡，祖配乖后先。循俗乃下士，更新委时贤。脱言难尽复，先正存遗编。"其二曰："江河浪如屋，游鳞难自支。孤翼栖风林，摇荡无宁时。嗟嗟世之士，畴克居养移。此语君勿怪，富不与骄期。"其三曰："少艾有则慕，前贤匪虚讥。人情自古然，妻具亲爱衰。温情有彝则，此别归何时。无令高堂翁，倚门歌《式微》。"其四曰："世路日巇崄，平地风翻波。猛兽出无迹，匪直深山阿。酬物固有道，武侯贵用和。再请甘养蒙，甫诗为君歌。"其五曰："古人重别赠，厥赠殊金缯。况我同志生，盟歃寒未曾。从谀岂不解，恐惧非心朋。此意神可质，君行问严陵。"足见二人情谊深厚，可谓莫逆之交。

此时,偏安一隅的南宋早已无力北顾,朝堂之上暗流涌动,倪千里也无法保持平静,他曾在给葛洪的信中透露某种悲观的想法,所以葛洪写下《次倪起万来章》一诗来劝慰他:"平生湖海气何高,要得灯明胜着膏。满腹群疑欠冰释,一车载鬼谩精劳。交情未委真如纸,故意尤须惜此袍。已把文书付丁火,恐人知后薄吾曹。""载鬼一车"用来形容荒诞离奇。虽不知倪千里究竟向葛洪透露了怎样的消息,然而风云变幻的朝局总是让人不得安生。嘉定八年(1215)七月,倪千里迁起居舍人,这是主修起居注的职官。最终,他卒于起居舍人,兼国史院编修、实录检讨,并兼侍讲的任上。

虞复从倪千里学。明人徐象梅《两浙名贤录·朝议大夫虞从道复》载:"虞复,字从道,义乌人。师事倪千里,传永嘉《春秋》之学。由太学登进士第,以杨村酒官上《缉熙殿四十八规》,理宗大喜,累官太常博士、大宗正丞。出知信州时,史嵩之开督府,以御扎尽收列郡利权,因上表,进爱养根本之说,大忤史意。"虞复因此奉祠归,后来郑清之继相位,虞复为他所忌,又退居东岩十五年,直至董槐做了丞相,虞复才再次得到做官的机会。虞复著有《成已》《告蒙》《告忠》《远斋》等集。《华溪虞氏宗谱》尚收录虞复的《告蒙十三篇》,殊为珍贵。该宗谱目录下有倪千里《和余姚县县丞虞德圆》诗,但并未在正文中查见,虞复《和倪至庵夫子元韵》一诗与《祭至庵倪老夫子文》一文尚在其中。其诗谓："睿质天成冠海中，少年默诵九经通。抡英夺甲功名就，一岁三迁禄位崇。言忤大臣空累疏，名留汗史见孤忠。江湖廊庙心相似，振古纲常谁与同。"祭文则道倪千里"心在外而如一，事有违而必诤，诋词句之讹误，凛风骨之峭硬。意终念于一壑，步复寻于三径，清兮上箸之秋，蔚若卞山之暝。公身藏而名满，人心系而目瞪。悲十年而何速，忽吾师之就馨，赖独存之灵光，又告亡于一镜。昔群试于丹墀，师与执于文柄，独见拔于众作，识孤忠之不佞。慨欲置之举首，议或格而不应，及见面而屡惜，或棹歌而高咏。遂叨桃李之荣，间执门墙之敬，常恋知而首仰，乃惊传于目暝。痛典型之净尽，空膏馥其残剩，寄薄奠以写哀，闻不闻兮泪莹"，足见虞复对其师倪千里的景慕。虞复论学量则道："恕为求仁之要，量又行恕之本。是以恕所当勉，量亦当学。量有大小，品亦各殊。天地之量，圣人也；江海之量，贤人也；池沼之量，中人也；杯盂之量，小人也。所以小人者，易喜易怒，易予易夺，未满而先盈，未富而先足。中人则有宽有狭，贤人则多宽而小狭。至于圣人，则普美利于不言，含万物而化光，荡荡熙熙，无所不容矣。而学量之功，必以穷理为先，内省为尚，扩充为要。""穷理为先，内省为尚，扩充为要"或许正是倪千里的为学法门。

《乌岩倪氏宗谱》收录了五首倪千里的诗，其中一首名《宦邸思亲》："天开阊阖曙光寒，朱绂承恩出凤鸾。报国喜瞻红日近，思亲愁向白云间。"另一首名《钦命焚黄》："青锁承恩侍圣明,愧无报国尽臣情。向沾华稬荣三釜,今幸黄封贲九京。拱璧螭头天语重,联珠墨渍玉音清。重泉有觉深为感,谁道纶宣不及冥。"旧时品官新受恩典,需要祭告家庙祖墓,告文用黄纸书写,祭毕焚去,是为"焚黄"。钦命焚黄是一件风光的事,意味着为人子者受了恩典,家祭无忘"告乃翁",这是人鬼之间特有的温情,此举也受到朝廷的鼓励。

据说,倪千里的墓志铭出自李埴之手。李埴是李焘第七子,李焘是中国古代杰出的史学家,著有《续资治通鉴长编》,李埴也不遑多让,著有《皇宋十朝纲要》。嘉定年间,李埴与倪千里同为国史院编修官、实录院检讨官,后除秘书少监、起居舍人,只不过李埴所写的墓志铭如今已无从得见。倪千里与妻子王氏合葬在东阳西岘门外的长生塘,到了明代嘉靖时期,墓穴被洪水冲毁,墓石为后人收藏。直到清道光元年(1821),倪千里的后裔倪商树才修复了墓穴,并请进士郭绍裘作《至庵公修墓碑记》,只不过这块重竖的墓碑,如今也不知去向。现在,磐安尚湖镇岭干村立有一座名叫"种德坊"的古牌坊,据说是倪氏后人为纪念倪千里而建。牌坊上刻有一道圣旨,题有"赠起居舍人兼编修官倪千里"的字样,牌坊的背面则有"馆阁名贤"四字,睹物思人,颇有今夕何夕的感慨。

《乌岩倪氏宗谱》记载,倪千里生有六子,允文、允奎、允江、赣孙、澹孙、朝孙,《起万公传》评价允文、允奎、允江三子"皆克肖其家。允文以公致仕,恩授黄岩县监盐。允江以太学生,历任惠州别驾。允奎以不得志于场屋归隐。"倪允文的诗,现存仅有七言绝句《大涤洞天留题四首》,收录在明人所编的《诗渊》中。其一曰:"九关深处锁仙家,缥缈清都定不遐。草木曾留高庙踊,香灯常带紫宸麻。"其二曰:"巢父滩头甫着鞭,名山入眼驿程边。迂回仅费商於地,领袖宁烦一介先。"其三曰:"笋舆轻捷绕坡陀,石窦抽关喷决河。幸许羊肠成坦履,不应狭路响风波。"其四曰:"洞里群仙总未逢,天风吹快去匆匆。儒仙元自留官府,侥借刀圭得圣功。"大涤洞天在临安,又名天目山洞,是唐代司马承祯所说的第三十四小洞天,宋末元初的邓牧心曾作《大涤洞天记》,有"浙右山水之胜莫如杭,杭山水之胜莫如天目,天目之胜未如大涤洞天"之评语,其景色之殊绝可想而知,无怪倪允文要用四首诗来颂叹。

倪允江则有《惠州别驾自咏两首》收录在《乌岩倪氏宗谱》当中,其一曰:"拜命承恩历二秋,莅官守法为君忧。千家民社期安泰,万里封疆愿永休。禄养思亲惭未报,素飧仰圣愧难酬。经营了得平生志,且学菇鲈心自悠。"其二曰:"密勿朝堂礼度严,荣膺爵秩岂安然。喜开言路陈忠鲠,欲历功曹著简编。休戚相关心耿耿,安危未卜意拳拳。诸君愿切勤王义,国祚期绵亿万年。"其拳拳忠心,自诗中彰显无余。

倪允奎是倪千里的次子,字子登,号岘岗樵侣。《允奎公传》记载:"自幼明敏,且承家学,渊源有自,未冠游邑庠,便有远大志。应荐入太学,补上舍,素为六馆推服。有识见,谙典故,

襟韵都雅。"倪允奎的老师是宝谟阁直学士李大同。李大同也
是东阳人,嘉定十六年(1223)进士,他和李大有两兄弟私淑东
南三贤——张栻、朱熹、吕祖谦,学问、人品、政声都好。倪允奎
有这样的老师,见识与学问日益精进,然而,科场并非依靠见识
与学问取胜,倪允奎屡试不第,不免愤懑。值此之际,庙堂失
策,边事日非,倪允奎胸怀大志,却不能施展,遂赋《辞太学归
耕》一首,诗云:"愁听边声日渐南,恨无箸策动朝端。岘山别野
原无恙,几偕孺子咏沧浪。不为莼鲈返故里,君臣大义忍相忘。
苍生已起东山谢,百万苻秦立笑谭。"回到东阳淡竹涧以后,倪
允奎终日以经史文籍自娱,暇则登岘山长啸,郁闷之气顿消,吟
咏以归,绝意仕途,卒年九十有五。如此看来,倪允奎应该目睹
了南宋灭亡前最后的时光,自然有慷慨悲歌也不能言尽的无限
惆怅。

晚年的倪允奎率族迁居到尚湖岭干村,此处乌山奇峰接
天,盘亘数里。凤顶凌霄是乌山最著名的风景,《吴宁乌山十二
景》组诗中第一首就描写了凤顶凌霄的风景:"绝顶景嵯峨,高
高凤立坡。九苞辉碧落,五色舞青螺。瞻览诗情涌,登返逸兴
多。仰观云路近,举首睹姮娥。"有美景如斯,足以使人"闲游饶
逸兴,诗思自纵横",这是多少人所向往的境界,倪千里若是地
下有知,想必也渴望在这"波影欲浮天,横空锁暮烟"的胜景中
逍遥自适吧。

共待经纶阐大猷

陈大猷与其著作

一

因"红杏枝头春意闹"而被称作"红杏尚书"的北宋诗人宋祁有一首《和贾相公览杜工部〈北征〉篇》,中有"眼前乱离不忍见,作诗感慨陈大猷。北征之篇辞最切,读者心陨如摧辀"之句,这里的"大猷"指治国大道,磐安这位以《尚书》学见长的陈大猷的名字,或许就取自此意。其学识见解最终结集为《〈尚书〉集传》(又称《书集传》)与《〈尚书〉集传或问》(又称《或问》),盛行于宋。然而"大道久分裂,破碎日愈离",南宋的危局已非人力所能挽救,纵有大猷良策,也难见其施行了。

元代吴师道《敬乡录》记载:"陈大猷,字文献,号东斋,东阳人。绍定己丑(绍定二年,即 1229 年)进士。著《书集传》,采辑群言,附以己意。李文清公宗勉为序。由从事郎、两浙转运司准备差遣除六部架阁,宋季其说盛行云。"六部架阁官制度是宋代首创,架阁官是档案工作专员,其作用是为行政决策提供参考、防止胥吏"舞文取贿"以及促进宋代法制建设。出任六部架阁官者,一要进士出身,声望甚佳,二则以仕历州县者优先。陈大猷恰好都满足,他是绍定二年进士,又曾出任两浙转运司准备差遣,对文档之事可谓轻车熟路,而这正是遴选架阁官的重要标准。据陈氏宗谱载,陈大猷官至六部架阁吏部侍郎。明代应廷育在《金华先民传》中增补了有关陈大猷的信息,谓其"著《书集传》,用朱子释经法,仿吕东莱《读诗记》……经传中曰'东

168

陈大猷像

斋陈氏'，即大猷也。世称为东斋先生，今祀本府乡贤祠"。明代郑柏在《金华贤达传》中为陈大猷作一小传，如是评价道："大猷以进士举，虽仕不大显而著述甚富，能使人皆行其说，斯不为空言矣。"金华地方文献中对陈大猷的记载，大抵如此。

东阳诸派陈氏宗谱对陈大猷生卒年的记载则出入极大。《松门陈氏宗谱》中记载陈大猷生于北宋嘉祐四年（1059），卒于北宋靖康元年（1126），应是北宋之陈大猷，绝非南宋之陈大猷，当为松门陈氏始祖，其人与《书集传》及《或问》的作者无关。《山泽陈氏宗谱》则记载陈大猷生于南宋淳熙三年（1176），卒于南宋宝祐四年（1256），娶妻胡氏，育有五子：存正、存德、存礼、存忠、存心。存德即陈谦亨，号怀斋，登南宋淳祐二年（1242）进士，"父子俱登文学为优"。后来，陈大猷与夫人胡氏合葬于磐安县尚湖镇山泽村的眠犬山。《东阳柽溪陈氏宗谱》又记载，陈大猷生于南宋庆元二年（1196），卒于南宋德祐元年（1275），该宗谱中收录两淮制置大使加参知政事右丞相李庭芝所撰的《东斋陈公墓志铭》，谓陈大猷归葬于九平寺后，眠犬山的陈氏墓是从九平寺迁过去的。然《东阳黄沙陈氏宗谱》中"兵部侍郎大猷公实录"一条载："始居吴宁瑞山乡东溪，卒于正寝，厝三十都五保土名木岭后眠犬。余之子讳谦主祀，亦宋淳祐辛丑八年①登进士，任富阳知县，见几而归厝……祠孙获丁七千余口，迁居六处，地名皆照木分派，连木、通枝、松山、官桥、楼下等处。"此外，李庭芝所作墓志铭称陈大猷官职为"架阁尚书赠太子太傅同平章军国事太师"，按此说法，陈大猷应位至宰相，但史传却无任何记载。学者陈良中以为这是陈氏后人的虚饰，尤其是《东阳陈氏宗谱》中收录的南宋绍定三年（1230）八月十五日授陈大猷华盖殿大学士、护国金紫光禄大夫的诏书，其真实性更可怀疑。华盖殿大学士为明洪武十五年（1382）所设，南宋的陈大猷不可能受封一个明朝的官职。陈良中认为，此诏书若非伪造，便是误植，可能是陈氏后人误将明代另一个陈大猷的事迹并归到其祖先陈大猷身上。可见宗谱记载难免有夸大失实处，陈大猷的生卒年尚且存在二十年的误差，他一生的行迹更是扑朔迷离。然纵使错漏百出，宗谱毕竟不能全凭虚构，综观诸派陈氏宗谱，陈大猷的一生也如月光落在山石上，到底能露出几分行迹。

　　庆元二年（1196）二月，被罢相的赵汝愚暴卒于衡州，外戚韩侂胄当政，理学被斥为"伪学"，科举考试，稍涉程朱义理之学

---

① 编者注：淳祐辛丑应为淳祐元年而非八年，此处疑似宗谱记载有误。

者,悉数黜落。此后,但凡"伪学之人"不许担任官职,也不得参加科试。朱熹被落职罢祠,他的学生蔡元定被流放道州。陈大猷成长在这样的年月,真让人有"天将降大任于是人也"的感慨。

中进士前,陈大猷应该已得到理学名臣真德秀的关注。真德秀在南宋嘉定十七年(1224)九月升任礼部侍郎兼直学士院、侍读,然他不为史弥远所容,第二年便被落职罢祠,幸得宋理宗回护,真德秀姑且能退归故里,著书立说。绍定四年(1231)六月,真德秀和原先遭贬谪的魏了翁同时官复原职,此二人正是南宋后期理学的两座高峰。真德秀开西山真氏学派,魏了翁则是鹤山学派的代表,二人"同生于淳熙,同举于庆元,自宝庆迄端平出处又相似,然而志同气合则海内寡二",所谓"从来西山鹤山并称,如鸟之双翼、车之双轮,不独举也"。陈大猷既然是理学中人,自然不会受到史弥远的重用,中进士后被外放到缙云当县令,缙云赤岩山上笔力遒劲的"赤岩"二字便是他的手笔。淳熙年间,朱熹曾偕门徒在缙云的美化乡讲学。南宋嘉熙元年(1237),在丞相乔行简的倡议下,陈大猷以俸易其地,在朱熹讲学地金竹兴建美化书院,书院未建成,他便升职离去,最后由县尉陈实续建完成。入元后,美化书院达到鼎盛,成为浙江三大书院之一。素有"东南文章大家"之称的戴表元曾作《美化书院记》加以称赞:"美化书院,以处之缙云美化乡得名,旧矣。当江南初创时,宗正寺主簿陈公大猷以名大夫、太傅乔公行简以材宰相,相与极力鼓动绚饰,穹碑巨榜,隆栋宏址,美化虽在缙云穷山中,一日而名字闻于天下,脍炙于缙绅韦布之口。"可见,陈大猷出任缙云县令之前,曾任宗正寺主簿,此官为从八品,专以钩考簿书为职。宋室南渡后,"凡寺监主簿率多与寺丞同签押文书,与丞平行"。乔行简也是东阳人,与陈大猷是同乡,他是南宋绍熙年间的进士,宋理宗时,曾出任参知政事兼同知枢密院事等。两人都是创建美化书院的名贤。另有一个能证明陈大猷在缙云晋经历的是缙云县胪膛村出土的《田著墓志》,该墓志的作者便是陈大猷。此外,郑瑶的《景定严州续志》记载了东阳陈大猷曾经就聘遂安县县学讲席一事,而作为遂安县学场所的宣圣庙曾在绍熙四年(1193)被焚毁,由县南改建至县西,只不知陈大猷主学遂安是在何时。当然,没有疑义的是,陈大猷在缙云当县令期间,真德秀病逝。南宋嘉熙三年(1239),朝廷下诏以真德秀配飨朱熹祠。此后,能够提携陈大猷的贵人就寥寥可数了。

陈大猷在缙云所做的最重要的事,就是完成了著作《书集传》及《或问》。清代著名藏书家瞿镛《铁琴铜剑楼藏书目录》卷二云:"《书集传》十二卷,《或问》二卷,宋刊本,题'陈大猷集传',前有《纲领》及《书始末》《书序》《传注传授》《集传条例》《进书上表录本》。其末题'嘉熙二年(1238)三月日,从事郎前宣差充两浙路转运司准备差遣臣陈大猷上表,十三日奉圣旨,降付尚书省送后省看详申'。又《后省看详申状录本》,其末题'嘉熙二年五月日……十九日奉圣旨,陈大猷与六部架阁差遣,其《书集传》并《或问》付秘书省'。"在上表中,陈大猷自谦是"幸逢昭代,久玩陈编。尽竭蚊虫之劳,少效涓埃之助",然而,右丞相游侣等人看过他的《书集传》及《或问》后,对他评价甚高,认为他"所编《书集传》,博采诸家之长,傅以一己之见。章分句解,理显词明,详而不失之繁,简而不失之略。《或问》之作,折衷尤精,有诸儒先所未发者,用功不苟,与夫引臆说大有径庭","如蒙甄录,足为穷经者之劝",足见陈大猷在《尚书》学上的造诣。

考察陈大猷被迷雾环绕的生平,我们不妨细究一下李庭芝所撰的陈大猷墓志铭。《金华市志》定陈大猷的生年为淳熙十五年(1188),依据便是托名李庭芝的《东斋陈公墓志铭》,其中谓陈大猷"绍定三年(1230)出授江州刺史,操断举措决事如神,狱常定者四五,寻加盐运司副使,兼管四川军事",川境盗贼蜂起,轻而易乱,陈大猷"用重典以威奸暴,铺大和以惠鳏寡",使一方水土得以安宁。又称"绍定七年(1234)丁母忧,后回吴宁瑞山乡惠化里(今磐安县安文街道)。淳祐二年(1242)征诏,拜吏部左侍郎。淳祐十二年(1252),闽浙大水,严、衢、婺、信、台、处、建、剑、邵,凡九郡受灾严重",陈大猷与参知政事徐清叟奏请下旨,遣使分行赈恤。至宝祐元年(1253),陈大猷已经"升六部中转登架阁尚书"。宋度宗即位,因陈大猷"竭力忧劳庶政"而视其为"真宰相"。德祐元年(1275)十一月十二日,陈大猷去世,享年八十八岁,归葬瑞山乡九平寺,后来才迁到玉山乡三十都五保木岭后眠犬山（在今磐安县尚湖镇山泽村）。此墓志铭中不可信处尤多，譬如宋代以文官知其事，"刺史"已成虚衔，并无实权，而盐运司则是元代官制，宋代应称为盐仓监。是以陈大猷这两处履历明显无法取信，至于说他丁母忧返回磐安，恐怕也只能姑且信之。不过其中提到的淳祐十二年（1252）的水灾却是真的，当时，前往婺州赈恤诸军的是登闻检院的胡大昌，胡大昌是永康人，后来官至资政殿大学士兼户部侍郎。至于架阁尚书更是误称，北宋尚书六部都有架阁官，南宋定名为主管尚书某部架阁库，是主管三省、枢密院架阁文字官的省称而已，通俗地讲，架阁官只是国家机构中设置专职的档案官员，职位并不高，只不过"其选也重，其职也清"。当然，宋代丞相里面任过架阁官的也不乏其人，比如理宗朝的右丞相兼枢密使李宗勉曾任史部架阁，而他也是为陈大猷《书集传》作序的人。此外，陈大猷的两位同乡，东阳乔行简和兰溪范钟，同样由架阁官迁升至丞相。只不过陈大猷是否也如此，除了陈氏宗谱中的一面之词，目前并没有其他证据可以佐证，只是可以确定确实存在这样一种晋升途径。

郑柏所说的"仕不大显"也不大准确。《咸淳毗陵志》卷八"秩官"载："陈大猷，淳祐四年（1244）十月，朝奉大夫、将作少监兼国子司业出守。"国子监是中国古代最高学府和教育管理机构，国子司业为正六品，掌学校之事，相当于国子监的副校长，可见陈大猷的仕途并不算差。此外，《晋江县志》有关泉州县学的记载，又道"淳祐年间，守黄朴、刘炜叔、陈大猷、韩识相继修"，其实，这是就陈大猷、韩识两人兴修学宫的时间而言的。黄朴是绍定二年（1229）的状元，陈大猷与黄朴同科，黄朴在端平二年（1235）兴修学宫，刘炜叔则在嘉熙元年（1237）捐公帑钱二百一十万，整治州学庙门、殿庑、讲堂。淳祐七年（1247）六月，陈大猷出任泉州知州，着手修治庙学。两年后，韩识接他的班，继续修建学宫。不论是在中央还是地方，陈大猷都极重视学校的修建。学校之盛衰，关系天下之盛衰，正如黄宗羲所言，学校能使"朝廷之上，闾阎之细，渐摩濡染，莫不有诗书宽大之气"。

二

与东阳陈大猷同一时期的尚有另一个都昌陈大猷，他是元代理学家陈澔的父亲，也是南宋左丞相江万里的舅舅。算起来，此陈大猷是朱熹的三传弟子，师从理学家饶鲁，而饶鲁是黄榦的学生。黄榦不仅是朱熹的高徒，也是朱熹的女婿，他是传播和推广朱子学的第一人，把传承道统看成是朱熹的最大成就。道统是朱熹提出来的一种说法，指儒家传道的脉络和系统，上自尧舜禹汤文武周孔，继而颜子、曾子、子思、孟子，至宋则是周敦颐、张载、程颢、程颐，再至朱熹，朱熹传黄榦，黄榦不仅传饶鲁，也传金华的何基。何基、王柏、金履祥、许谦并称"北山四先生"，但都昌陈大猷的儿子陈澔却比北山四先生的影响更大，"永乐间，颁《四书五经大全》，废古注疏不用……传《礼记》止用陈澔《集说》"，于是，陈澔的《〈礼记〉集说》和朱熹的《四书集注》便成了明清时期科举考试与学校教学的御定标准读物，在世间通行五百年，可谓家喻户晓。东阳陈大猷之所以与都昌陈大猷被混为一谈，便与朱熹、陈澔这一层关系分不开。

清代学者张云章主张《书集传》的作者为东阳陈大猷，清词三大家之一的朱彝尊在《经义考》中表示怀疑："叶文庄（指明代吏部左侍郎叶盛）《菉竹堂书目》中有陈大猷《〈尚书〉集传》一十四册，西亭王孙（指明朝宗室、藏书家朱睦㮮，学者称其为西亭先生）《万卷堂书目》亦有之……未知其为东阳陈氏之书欤，抑都昌陈氏之书欤？考鄱阳董氏（鼎）《书纂注》列引用姓氏，于陈氏《书集传》特注明'东斋'字，正未可定为东阳陈氏之书，而非都昌陈氏所撰也。"可见，朱彝尊并未得见陈大猷的《书集传》，他对张云章的论断也持保留意见。极有意思的是，古人著作上的标氏、标名也有讲究，大抵北宋以前皆称某氏，南宋以后，入朱子学派者被称为某氏，不入朱子学派者，如王十朋、刘一止等人皆称其名。是以朱熹再传弟子董鼎的《尚书辑录纂注》中所引，一称复斋陈氏者，此或为都昌陈大猷；一称陈氏大猷者，则有可能便是东阳陈大猷。龚延明、祖慧撰《宋登科记考》则直称陈大猷"号复斋。婺州东阳县（今磐安县）人。绍定二年（1229）登进士第。历知泉州，终主管六部架阁文字"。都昌陈大猷却是南宋开庆元年（1259）进士，若按《山泽陈氏宗谱》所说，此时东阳陈大猷早已过世,便是依东阳柽溪陈氏后人所记载,东阳陈大猷也已经过了耳顺之年,两人除了名号相同或者互相窜用之外,所传习学说都是理学的一支,只是东阳陈大猷所传并非朱子学而已,然其受掩盖与误解却恰恰因为朱子学的盛行于世。

朱熹本没有专门的《尚书》学著作行世,只是他晚年将自己所得的资料尽数付与蔡沈,命蔡沈为《尚书》作传,而蔡沈深得朱子学精要,在书中分别今文和古文,引用朱熹理学加以注释,故其《书集传》被认为是体现朱子学术思想的代表性著作。有学者认为,蔡沈的《书集传》完善了程朱的理论体系,将伦理道德层面的思想推及历史与社会,开辟了以"平天下"为起点至以"修身"为终点的回溯路径。① 关键的是,明太祖朱元璋热衷于修订蔡沈的《书集传》,还征召儒者编撰《书传会选》,意图通过重新订立经典,实现君师合一的抱负。明末清初思想家顾炎武认为,《书传会选》精准完备,可见宋元以来诸儒之规模犹在。《书传会选》"除《尚书·召诰篇》外,删改蔡沈的《书集传》之说九十八条,增补宋元儒者注释条目四百一十条,删改后易以其他儒者解说,以陈大猷二十二条、孔安国十条、金履祥九条、吕祖谦七条为最多;增补宋元儒者注说条目,以陈大猷七十六条、金履祥六十六条、陈栎六十四条、吕祖谦三

---

① 樊智宁、陈徽:《蔡沈书集传的伦理思想及其对程朱的推进》,《南昌大学学报》,2021年第4期,第22—29页。

十二条为最多"。由此可见,"《书传会选》以吕祖谦、陈大猷、金履祥、陈栎四位宋元治《尚书》学者思想为主体,构成明初《书经》解释的官方依据"。《书传会选》采掇宋元多家经说,尤其偏重金华地区的理学著作,其中,陈大猷的《书集传》及《或问》被引用条数最多,有学者认为此二书专为修正蔡沈的《书集传》而作,或许是一语中的。

当然,把和东阳陈大猷有关的真真假假的信息综合到一起,堪称典型说法的是与朱彝尊、陈维崧并称"清词三大家"的纳兰性德之解释。纳兰性德曾为《书集传或问》作序,从张云章之说,同样认定《书集传》是东阳陈大猷所著。他写道:"宋东阳陈大猷作《〈尚书〉集传》,用朱子释经法、吕氏《读诗记》例,采辑群言,附以己意成编。宋季其书盛行,学者多宗之。《集传》而外,复成《或问》二卷,明《集传》去取之意,亦犹紫阳《论孟集说》别为《或问》之旨也。《集传》未及见,而《或问》偶有传本,尝取而

纳兰性德《书集传或问序》

读之，其中变难往说，著其从违，使治经者有所依归，无歧途之惑，其便于学者甚巨。惜全编不可得见，然因此以推，则其蒐辑之博，持择之精，信乎可传也矣。大猷登绍定二年进士，由从事郎历六部架阁，官不甚显，故《宋史》无传。同时有都昌陈大猷者，号东斋，常师饶双峰，仕为黄州军州判官，亦著《书传会通》，实元陈澔之父，与东阳别为一人，世人往往混而一之，故举而并著之，使校雠《四库》者有所考焉。"其中"用朱子释经法、吕氏《读诗记》例"都是承袭明代应廷育的看法，应廷育点出东阳陈大猷号"东斋"，此与明清学者陈栎、董鼎、陈师凯、毛应龙、刘三吾、胡广、朱鹤龄、胡渭等注引陈氏《书说》时所用之称谓一致，所以，《书集传》及《或问》为东阳陈大猷所作应该是毫无疑义的。

及至清代编修《四库全书》，馆臣称赞陈大猷其书"采摭群言，反复辨驳，虽朱、蔡二家之说，亦无所迁就，可谓卓然自立者"。充任《四库全书》玉牒馆总裁的爱新觉罗·永瑢，是乾隆帝第六子，他在《四库家藏·经部典籍概览》中也把《书集传》归为东阳陈大猷所作。当然，《四库全书》总纂官纪昀等人对陈大猷也有一定的批评，认为他"过执己见，掊击前人，如谓尧典非虞书之类，殊嫌臆说。而生当南宋之季，西北山川皆所未睹，塞垣以外，尤属影响传闻。故《禹贡》河源之类，疏舛亦多。然不以一眚废也"。只是，纪昀等人也只看到了《或问》二卷，《书集传》只见于叶氏《菉竹堂书目》中，流传甚少，以至于被人误以为此书在明末便已不存。直到清代著名藏书家瞿镛（1794—1846）拿到陈大猷的《书集传》，此书方才重见天日。瞿镛据进书年月及危素（元末明初文学家，曾参与编修宋、辽、金三史）文，证明此书的作者为东阳陈大猷，此可以与《四库全书总目提要》互为印证。

另一清代著名藏书家钱泰吉在《甘泉乡人稿》中指出："小重山馆胡氏（指浙江平湖人胡惠孚，藏书以精品多见称）得郡城陈氏所藏陈大猷《书集传》十二卷，是元椠本，惜缺叶（页）甚多，雠校颇难，拟重刻而未果。黄谏（明代学者）《书集传集解》内所引陈大猷《书集传》大可补小重山馆所藏缺文。"海宁的藏书家蒋寅昉曾经见过陈大猷的《书集传》，清代藏书家邵懿辰在致蒋寅昉的书信中不断提醒他："弟屡阅通志堂所刻《或问》，识见甚高，笔力又好，渴想见其全书。今吾兄幸得遇之，岂可轻轻放过？"邵懿辰告诉蒋寅昉，如果碰到的是《书集传》而不是《或问》的话，"则是世间绝无仅有之惊人秘笈，万不可当面错过"。可惜，蒋寅昉不曾在意，该书遂为他人所得，邵懿辰只好拜托他查访，看此书究竟为谁所得，只希望能借阅一回。可见到了清中晚期，陈大猷的《书集传》重新回到后世学者的视野，并且让一众藏书家如痴如狂。后来，历史学家顾颉刚写过一篇《宋陈大猷〈书集传〉之发现》的书话，他在浏览《北京图书馆善本书目》时发现了《书集传》十二卷、《或问》二卷，看过以后，发现"不但缺页多，烂版亦多，确难重刻"。这是一件很遗憾的事情，但至少让我们知晓陈大猷的著作尚在人间。

　　近代经学家刘师培谈到宋元明时期的《尚书》学，以为："宋儒治《尚书》者，始于苏轼《书传》，废弃古注，惟长于论议。林之奇作《〈尚书〉全解》，郑伯熊作《书说》，皆以史事说《尚书》。吕祖谦受业之奇，亦作《书说》，大旨与《全解》相同……朱、陆门人，亦治《尚书》。杨简作《五诰解》、袁燮《絜斋家塾书钞》、陈经《〈尚书〉详解》、陈大猷《集传或问》，咸沿陆氏学派，间以心学释《书》。而蔡沈述朱子之义，作《书集传》。元代之儒，若金履祥《〈尚书〉表注》、陈栎《〈尚书〉集传纂疏》、董鼎《〈尚书〉辑录纂注》、陈师凯《蔡传旁通》、朱祖义《〈尚书〉句注》，说书咸宗蔡传，亦间有出入，然不复考求古义。明代辑《书传大全》（胡广等选），亦以蔡传为主，颁为功令。"陈大猷被视为陆九渊、杨简心学一脉，刘师培的说法便是一个出处。在《书集传》中，陈大猷称朱熹为"朱氏""晦庵氏"，持论有所不同，论尧典"敬"字一条，又首举"心之精神谓之圣"，此《孔丛子》之语而杨简标为宗旨者，有人以此论陈大猷为杨简的门人，这是颇为唐突的看法，陈大猷既不是朱学门人，更不是陆学门人，应该说，他是一个扎根于金华学派的《尚书》学家。

三

　　当代学者陈良中对陈大猷的研究最为精当，不仅对陈大猷里籍及学派归属论断甚详，而且对《书集传》及《或问》的学术价

值也大为肯定。他指出，刘起釪《〈尚书〉学史》、蔡根祥《宋代
〈尚书〉学案》都以为陈大猷的《书集传》不存于世，近代以来，治
《尚书》者几乎无人提及此书，许华峰的《董鼎〈书传辑录纂注〉
研究》也只是对其中与陈大猷相关的引语做了简略的探讨。然
宋元明时期如此重要的一部与《尚书》相关的著作，岂能湮灭无
闻？实际上，国家图书馆现藏有《书集传》的元刻本，虽略有残
缺，但卷帙大抵完整。著名藏书家傅增湘认为，此《书集传》是
宋刻元修本，而且还是仅存的孤本，甚至不必"侈言宋本以取
重"。是以陈良中对《书集传》研究最勤，他认为宋儒解经，往往
缺少训诂依据，唯独陈大猷倡导一字多训，注重上下文语境，在
大倡义理解经的宋代，《书集传》是少有的重视训诂的笃实之
作，提倡以经解经，在解经中融入"天即理""天理人欲"之辨，倡
"诚敬之复性"论，是以理学解经的典型著作。

陈良中对陈大猷《书集传》及《或问》的引用情况做了详细
考察，指出："从《书集传》引用频率来看，除《〈尚书〉注疏》近一
千次之外，依次为吕祖谦《吕氏书说》七百三十三次、林之奇
《〈尚书〉全解》三百八十一次、新安王炎《书小传》三百零九次、
王安石《〈尚书〉新义》二百五十九次、陈经《〈尚书〉全解》一百七
十九次、苏轼《书传》一百七十五次、张纲一百五十五次、朱子一
百三十六次、夏僎《〈尚书〉详解》一百三十四次、叶梦得《石林书
传》七十八次、陈鹏飞《陈博士书解》七十七次、东阳马之纯七十
二次、张九成《无垢书说》五十一次、蔡沈《书集传》五十五次

……从《书集传或问》引用频率来看，林之奇八十四次、吕祖谦四十五次、苏轼四十一次、朱子二十七次、王安石二十五次、王炎二十四次、陈经二十三次、叶梦得十九次、夏僎十八次、蔡沈十一次、陆九渊一次。"由此可见，除了引用最多的《〈尚书〉正义》之外，陈大猷引用最多的是林之奇、吕祖谦的学说，而吕祖谦又是林之奇的学生，是以陈大猷的传承自然是林之奇、吕祖谦一脉，而绝非程朱一脉，更加不可能是仅仅引用一次的陆九渊的心学一脉。陈良中也对陈大猷引用人物的籍贯进行了考察，发现"除宋以前学者二十人和不知籍贯者二十八人，余下四十一人中，浙江籍十一人，除张九成外，都集中在今天金华、温州一带，为浙东学派人物，其中陆九渊弟子一人。福建籍十二人，主要是程朱理学一派人物。江西籍七人，陆九渊弟子一人"。如此，陈大猷对《尚书》学的传承更加一目了然。陈大猷对苏轼、王安石的学说也引用颇多，这一情况或许可以从历史学家蒙文通的一个论断中得到解释。蒙文通认为宋室南渡以后，以婺学为大宗，婺学集北宋三家之成，足以抗衡朱氏，所谓"一发枢机，系于吕氏"，婺学"萃洛、蜀、新学三家于一途。吕氏尚性理，则本于程者为多；唐氏尚经制，则本于王者为多；陈氏先事功，则本于苏者为多"。可见，二程的洛学、王安石的新学以及三苏的蜀学都在金华得以融会贯通，这是婺学之所以独当一面的根源所在。平心而论，东阳陈大猷的《尚书》学便是"萃洛、蜀、新学三家于一途"的绝佳例证。

对陈大猷来说,对《尚书》的解读"不是简单的求知,而是呈现复善、成圣和淑世的价值趋向"。陈良中对此辨析甚明,他以为陈大猷在《书集传》篇首揭读《尚书》纲领,首举蔡沈"二帝三王治天下之大经大法皆载于《书》,然帝王之治本于道,帝王之道本于心,得其心则道与治可得而言矣"之言论,接着引用吕祖谦"《书》者,尧、舜、禹、汤、文、武、皋、夔、伊、傅、周、召之精神心术尽寓于中,观《书》者不求其心之所在……然先尽吾心,然后可以见古人之心"之论断,阐明《尚书》的宗旨即是"通过求二帝三王之心进而求二帝三王之治道,以圣贤为人格理想并探求治理社会的有效途径"。陈大猷的看法,与朱熹"虚心涵泳、切己省察"之法差相仿佛。陈大猷在《进书集传上表》中曾写道:"窃以六艺之文皆载圣贤之道,百篇之义独备帝王之传,昭万世之典常,示一人之轨范……兹盖伏遇皇帝陛下聪明文思,睿哲温恭。历数在躬,接尧舜禹汤之统;始终典学,宝虞夏商周之书。得精一以执中,惟时几而敕命。柔远能迩,诞康济于兆民;制治保邦,用延洪于大业。"可以想见,陈大猷对宋理宗提出的标准,其实与朱熹他们渴望的理想境界并没有太大的差别。陈良中认为,《书集传》的目的是要使宋理宗上接尧舜禹汤之统,传承圣贤的道统,并仿效圣王的治道,宏大祖宗基业。所以,陈大猷并不满足于章句的真实,而是追求经世致用,此可谓金华学派的点睛之笔。

当然,陈大猷同样吸收了朱子学的精髓。陈良中在《〈四库

184

全书总目〉与民族文化品格——以〈尚书〉学研究为例》中指出，四库馆臣对陈大猷的评述有误，《书集传》引朱子说一百三十六条，并没有完全反对朱子的地方，而多是以朱子说补充他人之说，或者以他人之说补充朱子说。《或问》中不赞同朱熹论点的仅有四条，譬如陈大猷不赞同朱子"《洛书》自一至九而无文字"之说，认为与经言"锡九畴"不符。《梓材》篇解"明德"不用朱子"心之虚灵知觉为明德"，认为此说是以智言之，但"非智之一端所能尽"，是以"仁、义、礼、智皆为明德"。对于四库馆臣用"心之精神谓之圣"一语来论断陈大猷是陆九渊、杨简一门，陈良中则直言此说出于臆断，特引"或问东莱谓敬乃百圣相传第一字"全段，指出这是宋人习禅的影响，可谓通习，陈大猷的脉络仍是以理学为旨归的道统脉络，而不是陆九渊、杨简的心学脉络。当然，陈良中对《四库全书》及《四库全书总目》仍持肯定态度，认为这是一个民族对自己传统文化的一种总结与反思，体现了文化的高度自觉。

四

陈大猷是磐安山泽陈氏的先贤之一，山泽陈氏从他开始壮大兴盛，开枝散叶，分出下庄、安宅、溪头、东山、塘田等支脉，所谓"敦宗睦族，尚义好贤，成仁厚之风，绍渊源之美"。譬如陈梦弼中南宋嘉泰二年（1202）进士，"文思王爱其才貌，以公子招为王府郡马，是为安宅溪头之祖"。不过，若按陈氏宗谱记载，陈大猷和陈梦弼的高祖陈小泰是堂兄弟,与陈梦弼相隔四代,绝不可能出现陈梦弼比陈大猷早中进士的情况。若两人中进士的年份均如宗谱所言,则两人绝不可能有这样的年龄差。是以宗谱资料如同一片遍布迷雾的森林,陈氏后人的添油加醋或者无中生有,往往令人晕头转向。

陈氏宗谱记载,靖康之变后,赵氏宗室子弟随之南徙,其中,魏悼王赵廷美七世孙赵公藻奉赵构敕令,进驻东阳中兴寺(今法华寺),在寺北建造府邸。赵公藻长子赵彦稬后来官至文思承直郎,民间称其为文思王,其女赵香婷也就成了文思王郡主。如此,陈梦弼的像赞便能解释得通,所谓"学探圣理,肄业真西山之门;才擅风流,祖腹文思王之府"。

陈大猷也有自己的弟子,胡氏宗谱记载,宋元之际,磐安玉山胡释之的父亲胡景南,就曾受业于国子司业陈大猷。胡释之力学仪行,入元隐居,以山水自娱,人称玉山居士。只是元明以后,陈大猷的衣钵几乎无人可继,甚至连他自己的著作都只能寄录在别人的书目中。"空光远流浪,铜柱从年消",岁月对事物的"侵蚀"如斯恐怖,难免让我们产生一种虚无之感,但也能促使我们关注个体存在之价值。博学多才的学者之生平在历史的烟云中变得飘忽不定,然其精神与思想,在与时光的拉锯战中,到底获得了一线生机。

长眠在磐安山泽的陈大猷,至今不见有诗词存世,倒是陈氏后人曾作《山泽十景》,其中一首《陈山仙迹》,兴许能够略微透露出陈大猷当年生活的环境。"多方辟谷驾仙禽,寄迹陈山岁月深。坦腹浑如罗汉古,恍闻空际诵经音。"陈大猷终日徜徉在这等隐秀风景中,思考治国大道,又最终以自身之生平行事,为此处风景增添了别样的色彩。

但觉溪山若有缘

梓誉蔡氏溯源

　　磐安梓誉蔡氏源出福建建阳的蔡元定,蔡元定生长子蔡
渊,蔡渊生长子蔡诰,蔡诰即为梓誉蔡氏始祖。蔡诰,字芳远,
行千一,《建阳蔡氏宗谱》原先没有记载,经梓誉宗亲多次寻根
认祖,2003 年,蔡诰才以十二世灵牌归宗,入建阳大宗祠。这
是梓誉蔡氏的一次谱系建构,其目的与桦溪孔氏论定圣裔大致
相仿。

　　乡人蔡土星作《梓誉蔡氏渊源考》,以为蔡元定受庆元党禁
影响被贬道州,而其长子蔡渊则从朱熹游。蔡渊,字伯静,号节
斋,从其父学《易》,常与其弟沆、沉相师友,“凡义理之大原,经
史之要领,诸说之异同,皆咨询父师而讲明”。朱熹有《答蔡伯
静》,其中写道:“《参同》定本纳去,可便写白,并元本寄来,更看
一过,然后刻本乃佳。签贴处已改补矣。一两处无利害、又灼
然是错误,即不须改也。玄沟害气,恐未是说人身内事,方是设
譬之词,缓读可见也。”蔡渊遵父命,偕其子诰避居东阳吴宁之
南八十里的顾岭(今磐安梓誉村西南),后闻父丧赴道州,继而
扶棺归建阳,临行嘱诰“汝已有妻子,不可偕行,姑留所以图后
日归计”。《建阳蔡氏宗谱》则载“元定长子渊经耕不仕,未出家
门”,蔡土星以为,蔡渊从朱熹游,岂能不出家门? 其不出家门
当在蔡元定死后,那时他才隐居九峰专心著书。

　　朱熹与金华的关系极深。据统计,他曾四至东阳。(道光)

《东阳县志》载:"朱熹,字元晦,新安人。绍兴末年(1162)初至东阳,与吕东莱会讲,因寓长衢。乾道间(1165—1173),复至东阳。淳熙十一年(1184),访陈同父于永康,复至东阳访吕定夫,为郭德谊作志铭。庆元四年(1198),又以时禁避居石洞,改定《大学章句》,诚意章集注尤多删正。"当代学者顾旭明对此辨析颇精,他认为"朱熹最有可能到东阳的时间:一是隆兴元年(1163)十二月,于南归途中,访吕祖谦于婺;二是淳熙九年(1182)正月,在巡历婺州各县灾情时又至武义明招山,哭祭吕祖谦墓"[1],在整个庆元党禁期间,朱熹绝大部分时间都在建阳考亭沧州精舍讲学,外出范围不过是顺昌、泰宁、建安、政和、崇安五夫等地,时间非常短。而庆元四年(1198)春,朱熹一直生病,身体状况堪忧。八月九日,蔡元定殁于道州,朱熹听闻,抱病为其作祭文,遣次子朱野哭祭。在《答李季章》中,朱熹坦言:"今岁,益衰,足弱不能自随……加以亲旧凋零,如蔡季通、吕子约皆死贬所,令人痛心,益无生意,决不能复支久矣。"是以顾旭明认为朱熹绝无可能在庆元四年(1198)"以时禁避居石洞"。

蔡元定仲子蔡沉丁父忧,后于南宋庆元六年(1200)十一月十八日起复原职,南宋嘉泰三年(1203)任满,三月十二日,授文林郎、两浙转运司干办公事。有学者认为,蔡沉在两浙运干任上时,蔡渊任婺州教授,然这种可能性极小。彼时,蔡渊因父丧

---

① 顾旭明:《宋元时期的东阳理学》,杭州:浙江工商大学出版社,2019 年,第 177 页。

归建阳闭门著书,又如何能够复出担任婺州教授?后来调婺州教授的倒有一个中南宋宝庆二年(1226)进士的黄师雍,他是闽清人,"学政一以吕祖谦为法,李宗勉、赵必愿、赵汝谈皆荐之",丞相乔行简也"许以朝除"。蔡渊在建阳不复出,曾赋诗自述己志:"屈指抠衣四十年,自怜须鬓已皤然。久知轩冕应无分,但觉溪山若有缘。下学功夫惭未到,先天事业敢轻传。只今已饱烟霞疾,更乞清溪着钓船。"蔡渊卒于南宋端平三年(1236),其论学尝言:"知行不偏,敬义兼备。先观天地之始,以不疑其所入;次观人道之终,而不失其所存。内立于敬,而行之以恕,言之有常,而动之可。"①其实,北宋亦有一蔡渊,此蔡渊为江苏丹阳人,从王安石学,北宋熙宁六年(1073)进士,授婺州司户,"其教授专以王氏之学,政事亦惟守元丰法度,终始不变"。其子蔡肇深受王安石器重,是锁院中新党色彩最为浓重的一位试官,北宋绍圣四年(1097)七月,中书舍人蹇序辰言:"吏房送到蔡肇除太常博士词头。按肇本从王安石学,及元祐间群奸用事,凡安石所论著建立,悉遭诋毁,肇于此时不能守节顾义,遂附会轼、辙,忘其旧学,轼、辙喜其背师附己,遂擢置黄本书局,由是为清议所弃。"在新党章惇与蔡京、蔡卞的斗争中,蔡肇被章惇

---

① 建阳市地方志委员会、建阳蔡氏九儒学术研究会合编:《建阳蔡氏九儒研究文选》,建阳市第三印刷厂印刷,1997 年,第 91 页。

视为元丰人，而被蔡京、赵廷之等视为元祐人，其命运可想而知。[1]

然则东阳蔡氏支脉繁多。有大塘蔡氏，其为东晋光禄大夫蔡喜夫后裔。又有鹿峰蔡氏，此支最为兴盛，其为北宋政和六年(1116)出任东阳主簿的蔡照后裔。蔡照，字季远，号鸣山。北宋诗人陈无相就有《饯蔡鸣山领东阳主簿》一诗："送子出都门，涉陟故乡路。黄叶舞悲风，塞雁笼烟雾。城柳系奔黄，把袂斜阳暮……愿子好为官，时时守法度。天教养赤子，莫使气血怒。天教如水清，莫使尘埃污。指日报政来，声名满三辅。"又有城头蔡氏，始祖蔡仁贤六世孙蔡彦环始迁东阳玉山乡岭口城头(今磐安玉山镇岭口村)。又有乌岩蔡氏，其为北宋宣和年间参知政事蔡弘后裔。又有象山里蔡氏，其为南宋庆元二年(1196)出任东阳主簿的蔡俊后裔。与蔡元定相关的两支蔡氏则是茶场蔡氏和绕川蔡氏。茶场蔡氏为"元定子蔡沉于南宋嘉定年间(1208—1224)从福建建阳迁诸暨乌岩，蔡沉次子幼孝于南宋宝庆年间(1225—1227)迁东阳永宁乡白溪，幼孝曾孙蔡幙分衍永宁乡罗店水下，蔡幙十五世孙邦信(1620—1697)于明清之际衍居永寿乡茶场(今属巍山镇)"。绕川蔡氏为"朱熹门人蔡元定之孙蔡之柏自福建建阳徙居浙江丽水宣平县外岭脚曳岭村，之柏子伯八(1211—1298)迁松阳淡竹。元至元十八年

① 吕肖奂:《宋代酬唱诗歌论稿》，上海:复旦大学出版社，2021年，第299页。

(1281),伯八随次子道德(1231—1309)及儿媳赵氏迁东阳仁寿乡绕川赵村(今属南马镇)"①。两者大抵都是从东阳的宗谱当中抄录而来。南宋嘉定十年(1217)四月二十五日,蔡渊作《母江氏墓志》,其中罗列蔡元定后代子嗣极为分明:"子男四人:长渊,次沆,次沉,末沇早亡。沆六岁出继虞氏,领乡举,复归宗,以其子梓为虞氏后。……孙男九人:格、模、杭、权、械、楠、柄、楷、榆。"

二

接续朱学统绪的朱氏建安派列黄榦、蔡元定、徐侨为前三,黄榦是朱熹的女婿,义乌徐侨则是朱熹亲传弟子,朱熹与蔡元定则亦师亦友,三人都与金华关系匪浅。宋濂曾道:"婺传朱子之学而得其真者,何基则受经朱子之高第弟子黄榦……至若徐侨亲承指授于朱子,而由庚从侨游者最久,又尽得其说焉。"蔡元定病逝之后,朱熹感慨"思昔相从云谷西山间,身焉赖以修,过焉赖以补,相与切磋讨论,而又相属以遵守",朱熹在云谷山完成的《资治通鉴纲目》《伊洛渊源录》《近思录》等著作,其中多含有蔡元定的见解。足见蔡元定作为朱学支柱,能志朱子之学且深造朱子之道矣。

---

① 许宁航主编:《东阳百家姓》,杭州:西泠印社出版社,2020年,第69页。

朱熹门人刘爚作《西山先生蔡公墓志铭》，其中写蔡元定在临终前一年，"每与诸子书，戒以生死有命。训其自修，则曰：'独行不愧影，独寝不愧衾，庶可传之子孙，勿以吾无故得罪而遂懈焉。'……先生虽病，接朋友不倦。一日谓其子沉曰：'合谢客，且安静还造化旧物。'凡九日，命移寝正室。有二声若巨石坠牖间，倾之则逝"。蔡元定居家以孝悌忠信仪刑子孙，而教人也以性与天道为先，自

咸丰重修本《东阳蔡氏宗谱》
"蔡元定"条

本而支，自源而流，闻者莫不兴起。刘爚铭之曰："西山千仞兮清潭一曲，先生永存兮过者其肃。"嘉定四年（1211）四月，刘爚上奏宋廷开伪学禁，并请刊行朱熹的《四书集注》作为学宫的教材，同时将朱熹手订的《白鹿洞学规》颁示国子监与太学，为朱学从民间走向官学铺平了道路。蔡元定临终前寄给朱熹的一封信中说"天下未必无人才，但师道不立为可慨"，此时，早已不是问题。南宋嘉定二年（1209），宋宁宗追谥朱熹为文公。南宋淳祐元年（1241），宋理宗手诏朱熹与周敦颐、张载、程颢、程颐从祀孔子庙。朱熹之地位由官方正式确立，其"道德文章，照耀

千古",在后世的影响也仅次于孔孟。

蔡元定之子蔡渊亦是传承朱学的重要人物。他曾作《题张生所画朱文公像》,诗曰:"张生父子称紫阳,形容人物非寻常。能传遗像数百本,粹然千载存无忘。言学工夫日星皎,无言气象真难晓。后学深明未发时,始信张生功不少。"其中"张生"指的是以画朱熹像闻名的张森(字材叔),蔡渊指出朱熹教学时常强调"于静中体认大本,未发时气象分明,即处事应物,自然中节",而"材叔父子来往先生(即朱熹)之门久矣,孰识先生静坐时气象,故所传像不特工于形肖之间,而得其所存之妙焉"。对此,真德秀又加以评价道:"节斋之学,能言文公所未尝言;材叔之笔,能传文公所不可传。道技虽不同,其皆有得于文公之天者邪。"可见蔡渊对朱学有着独到的见解。

按《东阳蔡氏宗谱》所载《节斋公墓志铭》所述,蔡渊有子三人,长诰,次诏,幼海,而《增补宋元学案》仅列蔡格(字伯至,号素轩)一人。蔡元定建阳孙辈名皆从木,东阳蔡氏列其孙辈名却皆从言,此又为一大裂痕,不知如何弥合。《东阳蔡氏宗谱》又收录陈取青的《蔡君芳远墓志铭》,陈取青是东阳理学家陈樵的父亲,东阳亭塘陈氏也是自闽迁姑苏,自姑苏迁吴兴,再迁富阳,继至东阳,陈取青受学石一鳌,石一鳌"少从王世杰,得徐侨之绪",南宋最后一位春榜状元王龙泽是他的门生,元代儒林四杰之一的黄溍则是他的外甥。陈取青"敬慎以自持,坚毅以自立……精彻《尚书》及《周易》《程氏》",蔡诰的墓志铭若真出自他手，可信度自然直线上升。陈取青提到蔡谄后来前往建阳省亲，想要迁回建阳，只不过父亲蔡渊和祖母詹太孺人认为"君家累日重，猝未易归，且君弟已成立，能荷门户"，于是让蔡谄回归东阳，蔡谄心有不甘，屡作归计而不得，构疾卒于南宋绍定三年（1230）十月，竟比其父蔡渊先走一步，年五十有七。陈取青所记中，最为蹊跷的是，蔡谄有子五人，松、柏、权、柄、植，名皆从木，这与建阳蔡氏中间差了一辈，按照《建阳蔡氏宗谱》的字行，蔡谄之名应该从木。孙男有炎、荣、熠、灯、炀等十九人，其中，长孙蔡炎后为行营都指挥使，宋代在殿前司、侍卫亲军马步军司中设都指挥使、副都指挥使、都虞候各一人，掌殿前诸班直及步、骑诸指挥的名籍，以及统制、训练、番卫、戍守等方面的政令。

在宋理宗主政之际，蔡炎得以一展其所长。安吉州知州吕昌年作《宋故旸谷先生墓志铭》，时在南宋咸淳九年（1273），其中写道："迨我理宗圣上御极，金虏猖獗，诏募天下力士，先生闻之喜曰：'今日遂吾志矣。'……挟策诣阙而献，帝嘉其能，授巡检，出镇本邑永宁寨，莅事勤敏，与士卒同甘苦。"端平初，蔡炎在孟珙军中任参谋，后因功被擢为行营都指挥使。孟珙曾祖孟安、祖父孟林皆是岳飞部将，孟珙也是南宋后期的名将，联蒙灭金最关键的蔡州之战，孟珙功不可没。南宋端平元年（1234）正月初十，宋军率先杀入蔡州城，金哀宗自缢身亡。凯旋后，孟珙被授予武功郎、主管侍卫马军行司公事的职位，后又被擢升为建康府都统制兼权侍卫马军行司职事。明末学者黄道周在《广名将传》中对孟珙有颇高的评价："孟珙才贤,能经善权……金既破灭,改而防元,荆襄樊汉,百计保全。一谋一策,无不了然。"其中,想必也有蔡炎出谋划策的一份功劳。蔡炎生于嘉定四年(1211)九月,卒于咸淳八年(1272)仲冬(宗谱误作淳熙壬申),享年六十有二。自顾岭迁至梓誉,始自蔡炎,其事亲至孝,侍奉汤药每每昼夜不解带,以致其母过世后,哀毁太甚,身心皆有所损,最终构疾以终。是以吕昌年感慨:"人而无德于世者固不足铭,若先生者,诚可谓国不负于君,家不负于亲,忠孝克尽,以善令终,非有学有守者,其能是乎?"蔡炎有子五人,请吕昌年作铭的是次子蔡坛,孙男有铜、银、钟等十二人,足见蔡氏子孙瓜瓞绵绵。作为蔡元定的后裔,梓誉蔡氏族人也可谓奉公之训,卓然自立,"真得寝不愧衾、行不愧影之言矣"。

三

乡人蔡土星以为清代诗人叶蓁的《顾岭骑龙庙茶亭记》对于见证梓誉蔡氏的由来颇为重要。叶蓁是磐安尖山镇人,是乾隆时期江南五才子之一,其他四位分别是浦江戴殿泗、东阳楼上层、象山倪象占,以及新昌杨世植。叶蓁对磐安寄情甚深,曾作《登盘岩石望滴水岩、千丈岩两瀑布》,滴水岩、千丈岩是磐安尖山镇南夹溪一带落差最大的两道瀑布,其诗曰:"我家门前水,东走略迤南。失势忽一落,洒作珍珠帘。又东数里水源别,千丈崖嵌太古铁，辊雷碾雪空山中，天山连蜷下雌霓……乃悟置身高且远，眼界本无界可限。向来举步局故蹊，用力虽劳所见浅。须臾浩荡天风来，揽衣欲去重徘徊，好穷怪得不可复，方物伟观一畅平生怀。"叶蓁在浙江省会考中拔得头筹，其《庄子说剑赋》《三生石赋》更是得到本房总批"奇情荡胸，郁为异彩，墨沈所至，轹古切今"。因此，叶蓁所记自然成为梓誉蔡氏来源建阳的一大佐证。

叶蓁写道："梓誉之西南数里有顾岭焉，高可数百步，其间两山环峙，林木阴翳，自宋庆元二年（1196）间其始祖节斋先生渊因父西山先生被谪，时避居于是岭之下，遂立庙其巅而春秋祈报之，以龙脉皆蜿蜒从此出峡而庙实居其上，因遂名之为骑龙庙。明年（此为叶蓁误记，当为庆元四年），西山先生卒于道州而讣书猝至，节斋号泣奔丧，嘱其子芳远留居。"叶蓁与梓誉蔡氏后裔的交往缘自其门人蔡升与蔡守辉的往来，蔡守辉是"芳远公之耳孙"。清乾隆五十年（1785）春三月，叶蓁从京师回到梓誉，过顾岭时见到骑龙庙很是讶异，"其规模与前迥异，延仁者久之"，又正好碰上蔡守辉，语及顾岭事，叶蓁遂为之作记。此外，叶蓁在老家尖山的住所植有十棵栗树，是以他的诗集名为《十栗堂诗钞》。诗集中显示，叶蓁与蔡氏族人多有唱和，他有梓誉十景诗，其中一景为"东溪钓月"，叶蓁写道："渺渺秋江漾月深，平铺练色气萧森。欲将素彩淘尘虑，姑把长竿付碧浔。皓魄低临方独羡，舟车何望远相寻。幽情一片谁能似？坐对溪山写我心。"叶蓁之怀抱,从尾联可观之。

今人多附会蔡氏宗祠的"理学名宗"匾额出自朱熹,又说朱熹将此匾额交给蔡渊,后来,此匾曾被当作水席用来洗铁砂,历经磨难,得以幸存,极为不易。清代藏书家胡筠也是东阳人,他在游览梓誉之后,曾作诗赞叹:"万峰深处有平畴,始信桃源不外求。东转琴山迎我笑,西来襟水抱村流。诗书预兆人文盛,朴雅还信气味投。碑记万安书欲就,为君把盏说泉洲。"梓誉现存厅堂的木雕极为精美,譬如钟英堂大厅明间雀替多以"丁山请缨""张良拾履"为题材雕刻而成,一堂之中,木雕、砖雕、石雕并举,足见其富裕气象,钟英堂的屋主即乾隆年间的恩进士蔡亨洪,其以经营火腿与茶叶致富,乡人哄传他富到"一脚踩金、一脚踏银"。

从宋代的蔡诰到清代的蔡守辉,梓誉蔡氏一直坚守的不过是蔡元定在《发微论》中所阐述的中道,即"夫天下之理,中而已矣。太刚则折,故须济之以柔;太柔则弱,故须济之以刚。刚柔相济,中道得矣"。磐安的山水也验证着这个道理,"山体刚而用柔,故高耸而凝定;水体柔而用刚,故卑下而流行",磐安梓誉作为蔡氏的繁衍之地,恰恰是"刚中有柔,柔中有刚"。正如蔡元定所谓"是故求地者,必以积德为本。若其德果厚,天必以吉地应之。是所以福其子孙者,心也。而地之吉,亦将以符之也"。蔡氏人物之杰与磐安山水之灵交相辉映,可谓相得益彰。

丈夫气自磨牛斗

武状元周师锐

一

宋代社会对科举考试的热情可谓无以复加。据张念瑜《宋
代的科举考试制度》一文统计,宋代年均录取进士人数是唐代
的六点八五倍、五代的十点四一倍。徐梦莘在《三朝北盟会编》
中指出:"国家开国于五代之后,方当五代之时,诸将不起于盗
贼者,必因杀夺而得之握兵外阃,跋扈难制。故自国家受命,将
无专征,必以文臣临之,鉴五代之弊。"这是宋代科举兴盛的原
因之一。宋代的文科举早成气候,武科举则姗姗来迟。北宋天
圣七年(1029),宋仁宗下诏设立武举,次年夏,十二名(一说为
十四名)武举人参加殿试,宋朝第一批武进士自此产生。然而,
短短二十年后,宋仁宗又于北宋皇祐元年(1049)九月下诏停罢
武举,诏令谓:"今籍之众,既以拔力日奋于行伍之间;武弁之
流,又用其韬钤自进于军旅之任。来应兹选,殆稀其人。如闻
所隶习者,率逢掖诸生、编户年少,以至舍学业而事筹策,矫温
淳而务粗猛,纷然相效,为之愈多。朕方恢隆文风,敦厚俗尚,
一失其本,恐陷末流。宜罢试于兵谋,俾专蠡于儒术。"宋仁宗
原本想通过武举招揽低级官员和文武官员子弟,不想应举者多
为普通百姓,而且舍文逐武,变温淳为粗猛,不利于社会风气的
培养,这让他大感忧惧。当然,宋代武官升迁自有途径,无须借
助武举,他们也难以应付武举中的武艺和策论考试。北宋治平
元年(1064)九月,宋英宗复置武举,并确立下"武举并随科场开

设"的规定。此后,宋代的武举方走上正轨,除了两宋之际的战乱时期,没有再次停罢,然考试规模小、所授官职低的境况却没有太大的改变。

靖康之难后,南宋初的武举只能在兵荒马乱之际断续进行。虽然部分文官提议重视武举以选拔将才,但是提议并未被朝廷采纳,"武举并未因军事危机而大为兴盛"①。直到绍兴十二年(1142),随着宋金和议的达成,武举才重新恢复三年一次的传统。总体而论,宋代武科举已经发展成为与文科举相并行的体系,为国家遴选优秀的武艺人才提供了方便。有宋一代,磐安出了两位有名的武状元——周师锐与周梦雷。可见磐安一地不仅山水形胜,如画屏中,而且"率土被儒风""蔼蔼武功传"。

(万历)《金华府志》载:"周师锐,字仪父,东阳人(今磐安玉山林宅人)。嘉定元年(1208)武举进士第一。仕至阁门舍人,知英德府归班,又知封州以卒。先以不利场屋,俛就右科。廷对,真德秀异之,见其策,叹曰:'此虽文举,亦当为首选云。'"其实,按照周氏宗谱的记载,周师锐,字仲祺,号仪父。他成为武状元的这一年,也是宋金关系的转折点。韩侂胄在开禧北伐失利后,被史弥远等人合谋诛杀,其首级也被送与金朝。宋金继而达成"嘉定和议",宋廷上国书称金主为伯父,岁币银绢各三

---

① 方震华:《文武纠结的困境——宋代的武举与武学》,《台大历史学报》,2004 年第 33 期,第 3—5 页。

十万，又以三百万缗钱赎回淮、陕两地。是年春，真德秀升任太学博士，为礼部点检试卷官。不久，他升任秘书省正字，兼任御试编排官兼玉牒所检讨官。真德秀与吕祖谦门下弟子以及东阳学者多有交往，譬如他跟葛洪、李大同颇为投契，马光祖则是他的学生。所以，真德秀对周师锐大加赞赏并加以提携也在情理之中。

周师锐像

按《玉山周氏宗谱》载，玉山周氏始祖为周兵，唐季由括苍至东阳任教谕，后迁至淮岩（今东阳雅坑村）。清代诗人叶蓁所撰《尖山派重修谱序》载："吾乡周氏与东阳诸周同出教谕兵公，自括苍迁于邑之淮岩，三世而迁于玉峰，四世而定迁玉山之临泽，自是科名鹊起，当宋南渡以后，后先腰金带者多至十八人焉。"周兵四世孙周迎从玉山迁居东阳县北太平里，即岘北周氏之祖也。岘北周氏一脉也极盛。周兵十三世孙周琼"绍兴中举进士，调兴国教授，后郑清之辟为龙图阁学士，以事忤丞相史弥

206

远，出通判滁州路，以寿终于家"；周兵十五世孙周国宾授会稽县尉，"为玉山杨镇龙叛，调三江斗门巡宰，获其党，总兵都督贾似道提为上功，复任本邑永宁巡司"。周氏自临泽发脉，从临泽走出去的武进士就有周师钟、周平子、周仲廉、周仲桂，东阳城中尚有周家巷，足见周氏之盛，周师锐则是周兵十六世孙（另一说为十三世孙）。

周师锐登第后所作文章，目前只能见到一篇《登第谢余察院启》，该文从《永乐大典》里辑出，收录在《全宋文》中，由沈治宏校点。宋袭唐制，御史台下设三院，分为台院、殿院、察院，监察御史统率察院，"掌分察六曹及百司之事，纠其谬误，大事则奏劾，小事则举正"。周师锐所说的余察院或为江西上饶人余伯熙，辛弃疾曾作《鹊桥仙·寿余伯熙察院》，词云："豸冠风采，绣衣声价，曾把经纶少试。看看有诏日边来，便入侍、明官殿里。东君未老，花明柳媚，且引玉船沉醉。好将三万六千场，自今日、从头数起。"周师锐向余伯熙致谢的这篇启文写道：

春闱鹄立，蒙收后入之孟孙；天陛鸿传，滥作先登之东郭。所谓自天而下，不知去地之惊。祗服宠嘉，采深惕厉。切以出师而受于学，自古则然；选武而立之科，由唐而始。惟今所举，视昔加严。命题而试之兵机，驰骑以观其武艺。得人为盛，应诏实多。如某者才不逮中，学难语上。龙韬豹略，遗书仅得于一编；

狸步虎侯，薄伎敢夸于七札？谬随举子，忙逐槐花。宁比武夫，艺穿杨叶。大比幸厝于鹗荐，南宫复与于雁题。旅进黄庭，遂尘清问。丹墀地近，密联簪笏之班；黄屋天临，亲拜冕旒之赐。竭狂愚而靡隐，曾忌讳之不知。圣度优容，未忍加罪。上恩隆厚，仍置在前。听初唱于胪传，惟惊忝冒；视同登之士类，倍觉光荣。惭非李广之无双，误占公孙之第一。靖惟侥幸，悉自吹嘘。兹盖恭遇某官襟度冲夷，议论端确。冠巍冠之獬豸，正直无私；问当路之豺狼，击搏殆尽。属殿庐之策士，辅宸极以程能。升黜既本于公心，去取式契于上意。致兹凡下，亦荷甄收。某敢不益厉操修，愈坚志趣？荣进素定，愿闻先哲之谈；功名自期，尚展平生之学。

周师锐在启文中提到了唐宋武举的差别，宋代的武举是"命题而试之兵机，驰骑以观其武艺"。宋代武举分内、外场，外场为武艺考试，主要为马步射、弓射、弩踏及抡使刀枪。南宋淳熙七年(1180)的《武举贡举补官差注格法》中规定，第一等武艺为弓一石一斗力兼马射七斗，步射弓力一石一斗约六十六公斤，马射七斗约四十二公斤，而唐代步射弓力约为五十五公斤，马射弓力约为三十八点五公斤。① 较之唐代,宋代在步射和马射上并没有降低门槛,反而要求更高。武举内场为程文考试,分为大义和策论两种,以策论为主。周师锐的策论必然涉及时务,策问的评分标准为"因所问自陈方略,可施行者为通",周师锐在殿试时就策陈万言,尤其在开禧兵败之后,他对时局的看法与真德秀恐怕相仿佛,所以才能得到真德秀的赏识。

二

其实,南宋中后期,弃武从文的现象已屡见不鲜。是以嘉定十年(1217)十月,兵部侍郎赵汝述上奏:"近世武举进士,甫得赐第,多弃所学……今既由武艺入官,又复慕为文臣,是右科徒为士子假涂之资,而非为国家储材之地,此科遂成无用矣。"周师锐原想在文科举上再展所长,却遭到朋辈的责怪,"文武均为进士,君已为右榜第一而尚薄之耶?"周师锐对此若有所悟,竟然不试而返。

(雍正)《浙江通志》"卢鸿"条记载了这样一则趣事:周师锐中武进士后,曾向乡人卢鸿请教,卢鸿观察后说他"当魁多士",只"熟读《程易》(《周易程氏传》)师卦"即可。卢鸿,字硕父,举进士,善仙卜,之后周师锐参加廷对,果然被问到"师律"之旨,

---

① 周兴涛、黄亮:《宋明武举比较研究》,《西昌学院学报(社会科学版)》,2011 年第 4 期,第 76—80 页。

遂为武举第一人。程颐解师卦,谓"能使众人皆正,可以王天下矣。得众心服从而归正,王道止于是也"。是时,宋廷正值开禧兵败,师卦象曰"大君有命,以正功也;小人勿用,必乱邦也",恰恰是应对南宋虚弱之症的一剂良药,只可惜当政者却不能从中有所领悟。

成为武状元以后,周师锐为学更加精进。从戎四载,擢阁门舍人。阁门舍人以武举入官者充任,掌诸殿觉察失仪并兼侍立,驾出行幸亦如之,为人须清廉干练,有方略,善用弓马。后知滁州,未行,留为带御器械兼干办皇城司,掌宫城禁卫之事。嘉定六年(1213)十月,宋光宗赐状元及第周师锐右可特授武功大夫,以德懋惠政,升知英德府。敕书曰:"国家右文致治,稽古取士,循祖宗之成宪,躬轩升以较艺,斯慎重之至也……夫九层累土于所起,慎乃屡端。尔诚无堕崇高之基,勿辜慎重之意。"同月,真德秀出使金国,贺金主即位,会金国乱,不至而返。是时,纥石烈执中(胡沙虎)杀卫绍王以后,立完颜珣为帝,是为金宣宗。真德秀出使之际,纥石烈执中又为术虎高琪所杀,金宣宗赦免术虎高琪,并封其为左副元帅。同年秋天,蒙古大军分三路攻金,几乎攻破河北所有郡县。次年正月,宋廷再次遣派刑部尚书真德秀等贺金宣宗即位,金宣宗以"中都被围,谕罢之"。至五月,金宣宗下诏南迁,金朝的败亡也到了旋踵可至的地步。

嘉定八年(1215)正月,宋廷派遣显谟阁学士聂子述、广州观察使(宋观察使仅为武臣准备升迁之寄禄官,系虚衔)周师锐贺金主生辰,此时,金宣宗已经南迁汴京(河南开封),至五月,中都被蒙古大军攻陷。是时,宋金关系开始缓和,在理宗时期升任丞相的乔行简认为应该联金抗蒙,而以真德秀为首的一派则提议不再给金上岁币。最后,宋宁宗采纳了真德秀的意见,宋金自此重开衅端。嘉定十二年(1219)春,金兵分三路伐宋,东起山东,西至秦陇,烽烟四起。其东路为红袄军李全率部阻击;西路先胜后败;中路金军大将完颜讹可围攻枣阳两月有余,皆为宋将孟宗政击退,等到宋将赵方兵援枣阳之际,金军三万多人皆被杀,仅完颜讹可单骑遁走。此役让宋人扬眉吐气,但南宋对金的策略自此转变为联蒙抗金,与当初北宋联金抗辽如出一辙,最终将自己送上了覆灭之路。

周师锐使北归来,宋廷内外正"万啄嚣嚣,皆欲乘其时,以复世仇",只有周师锐不以为然,"以为当今之势,莫先以压浮议所请,运气既衰、机会勿失等语,皆足以惑视听,动摇人心,而吾之根本不充,讵容轻举,开禧之前辄可鉴也"。周师锐的见识可谓与乔行简不谋而合,是以乔行简在《状元师锐公墓志铭》中写道:"其后兵端渐开,迄今多故,曲突徙薪之言,世莫有知之者。"周师锐曾出知英德府(今广东英德市),并两次以副使身份出使岭南,他对南方的时势洞悉颇深,"今日事势可虑者不专在此,而在岭南之攉锋军士,江西汀赣等处必且铤为盗"。周师锐出知封州前,曾上书极言"古今激盗贼之变者非一端,有以力役劳

211

民而致变者，有以科罚横敛而致变者，有以轻佻妄作公肆立刻
而致变者，今岁不登，求宁无益而弥之之术，则在乎去贪酷而
择循良耳"。然而内政的窳败已无可避免，农民起义屡仆屡起，
汀、赣、两广地区"寇贼鸱张"。所以，乔行简赞叹道："其识虑之
精如此，岂不学孙吴者所能至哉。"

当嘉定之世，真德秀以为强固内政是根本，强调通过"勤访
问、广谋议、抑近倖、除壅蔽、亲正人"修明内政，认为"只要君主
有德，施仁政于百姓，并派良将驻守边方，付予实权整饬兵备，
便可自立，进而自强，如此天命亦必会归之于宋"①。周师锐在
内政上的观点，与真德秀是一致的。按《东阳周氏宗谱》载，周
师锐"生于淳熙甲辰(1184)二月初七日，卒于绍定辛卯(1231)
八月初九日"，可见周师锐前往封州不到一年，就在任上去世
了。乔行简称其"负才而亡"，深感悲痛。周师锐娶妻王氏，育
有二子，名余孙、华孙，继一子名之宾。周师锐去世后两年，南
宋绍定六年(1233)，被刘克庄指为"柄臣浊乱天下久矣"的史弥
远也去世了。

《东阳玉峰周氏宗谱》收录宋理宗赐周师锐状元敕书一道，
敕曰："敕阁门舍人知英德府归班兼封州事周师锐，惟尔发身贤
科，职任黄门，剔历岁久，克有效劳，特加尔一级，转为奉议大
夫，益修厥德，尚励厥后。"同时，恩赐周师锐紫金鱼袋麻冕朱衣

① 朱鸿：《真德秀及其对时政的认识》，《食货月刊》，1979年第9
卷，第217—224页。

道光十七年重修本
《东阳周氏宗谱》

象简佩服荣归,又绘像赐赞,赞曰:"英雄盖世,知勇盈邦。力扶天柱,谋略有方。功著朝野,均感不忘。荣归故里,锦衣还乡。今睹容仪,宜嘉赞扬。"然此敕书的时间,却在南宋景定元年(1260)八月六日,此时,距周师锐下世已三十年,可见此敕书必有舛误。据《东阳周氏宗谱》载,其时当为嘉定十三年(1220)。不过,所赐像赞倒是十分准确地概括了周师锐的功绩。该宗谱中另有一道敕书落款是绍兴二十六年(1156),此时周师锐尚未出生,当为绍定二年(1229)之误,该敕书谓周师锐"刚明有守,耿介无私,抱果决之良才,蕴忠贞之硕德。功在既久,赠为护国金紫光禄大夫"。该宗谱又录有《宋状元师锐公妻敕书一道》,内容是封周师锐妻吕氏为一品夫人,而"世传"中所载师锐公妻则为王氏,此亦无从辨析,不过从中确实可以看出宋理宗对周师锐的重视,只是这种信任或者见赏往往难以为继。

史弥远死后,宋理宗开始亲政,宋蒙联军一同合围蔡州,势若摧枯拉朽。次年,金国灭亡,蒙军北撤,河南空虚,宋理宗下诏出兵河南,继而向洛阳进军,却遭到蒙军伏击,其雄心勃勃的"端平入洛"计划宣告失败,形势急转直下,宋蒙战争自此全面爆发。南宋端平二年(1235),蒙古南下攻宋。是时,北调的摧锋军已在建康留戍四年,后又在江西留戍四年,士卒多为岭南籍,思乡情切,战功又被压下,不得上报,导致军心动荡。同年二月,军官曾忠率一支摧锋军发动叛乱,从江西经由循州、梅州,直扑广州。广南东路为南宋的财赋之地,若是此地被攻破,南宋的气数也将丧尽,幸得南宋名臣崔与之及时平息叛乱,力挽南宋于风雨飘摇之中。

对南宋的危局,长眠于地下的周师锐已无计可施,尽管他早已有所预料。人们怀念他,不仅因为他"外貌宽和,与物无竞",更因为他"居官律己,凛不可犯"。明人郑柏在《金华贤达传》中称道周师锐岭南为官时"归装不持南物",足见其清廉自持。吕铺为其作铭曰:"器大德宏,学优气

《金华贤达传·宋周师锐传》

充。龙韬虎略，高光如虹。"周师锐的墓，在今磐安玉山镇岭口村叠香岩。玉山中学附近有一座永庆院，原为唐天祐二年（905）所建的下觉庵，毁后由周师锐助田百亩加以重建，始名永庆院。东阳马宅镇雅坑村也有周师锐的衣冠冢，村中周氏祖屋的门额上尚有"宋德贤门""贻厥孙谋"的题词。此外，《东阳厉氏文化志》所收《重修状元坊记》中，有"他如周仪父廷对贯穿六经，见契于真；西山杜季坚召试昌言时政，名震乎天下"的记录，但注中竟把周仪父当作邵阳的周仪，浑不知周仪父即周师锐，这也是一件令人发噱的事情。《东阳玉峰周氏宗谱》也录有此篇，作者是明万历进士卢洪春，其中写道："东阳赵宋南渡后甲第特盛，无论纤青拖紫、正色立朝者，若而人即才雄、海内胪传第一者，先有五人焉，而周君师锐居其一。先时有司常建木坊于学宫之侧，题五公之名于上，其后风雨侵蚀，木久圮坏，有司屡为修辑，至万历壬寅年（1602），庐陵郭侯来，令兹士谒庙之顷，咨访先哲，知五公之名，低回叹息者久之，其后修辑文庙，既观厥成，复见五公之坊未就，遂敕各姓派下子孙，易木以石，永为美观。而周氏子姓，居邑治之聚英坊者，有文府、大礼、大成、大信、大洪、大堂、大敏，各派者有大珠、大措、大七、大达、尚求、尚定辈，各捐己资，鸠工伐石，不数月而石坊巍然在望矣。"因卢洪春与周氏后人周文府相交最久，是时，又恰逢卢洪春等卢氏子孙修建其祖"解元公之坊"，是以"备知周氏之有贤子孙"。卢洪春以为"状元之名，题于赵宋南渡之后，历年四百有余，得侯表著之,其名庶几不泯,侯亦借有诸君之子孙,亦不负贤侯之雅望矣"。

三

周氏一族自周兵之后,多与南里王氏联姻。譬如周兵七世孙周道之,字执中,"处世温厚,克绍先业",生于唐建中元年(780)正月十五日,卒于唐元和十年(815)四月十二日。"娶南里王氏,治家理业,井井有条,包涵诸孤,俱有成立。"

南宋末年,周师锐的子孙并无太多可以显达的机会。而周氏另一名武状元周梦雷,其身份则有些扑朔迷离,地方史料中并没有足以佐证他武状元地位的可靠证据。《东阳玉峰周氏宗谱》载:"周梦雷,字云之。登宋淳祐甲辰(1244)留梦炎榜①进士及第,任襄阳府太守,生于嘉定壬申(1212)七月十三日,卒于至元甲子(1264)三月初六日。娶陈氏,生于嘉定甲申(1224)六月初一日,卒于至元辛未(1271)九月初三日,合葬于任所,无传。"周氏宗谱所载周梦雷去世之年,也是宋理宗赵昀去世之年,更是忽必烈定都燕京、改元至元之年。周氏族人不以宋理宗的景定年号作记,却以忽必烈的至元年号作记,殊为奇怪。该宗谱为清乾隆四十一年(1776)所修,而在清光绪三十二年

---

① 编者注:留梦炎为淳祐四年甲辰科文状元,此处或是宗谱记载有误,或是周梦雷武状元的身份存疑。

（1906）重修的《东阳周氏宗谱》中，周梦雷之卒年改为"景定甲子（1264）三月初六"，可见其中或有不得已之苦衷，今人难以猜想。《浙江通志·教育志》把周梦雷中武状元的时间定为南宋淳祐间（1241—1252），金华地方文史资料误作淳化四年（993），实应为淳祐四年（1244）。只是这一年的武状元，《广信府志》说是永丰人（今属江西）吕廷彦，《平阳县志》说是平阳项桥（今属浙江）人项桂发，《东阳市志》则认为是周梦雷，可见白纸黑字的记载也并非全然准确，我们总需要依据尽可能多的材料去对某个信息做出判断。

（万历）《金华府志》在"东阳县状元坊"一条中有"为宋会武及第周梦雷等六人"的记载，东阳的状元坊在明万历三十年（1602）"易木为石，永为美观"。到了（道光）《东阳县志》中，便衍生出"淳祐四年（1244）甲辰，周梦雷，玉山人，襄阳刺史"的记载，该志中，尚有一条记载为"绍定二年（1229）壬辰，周梦森，玉山人，义乌知县"。《东阳周氏宗谱》载："周梦森，字佳之，登绍定己丑（1229）黄朴榜进士及第，授文林郎，知义乌县事，厅堂重建，政治廉明，有碑碣尚存。生庆元乙卯（1195）八月初三日，卒咸淳丁卯（1267）八月十六日。"据《外祖上舍生周青霞公德配陈太君传》及《东阳周氏宗谱》载，周梦森与周梦雷二人是兄弟，所谓"熊熊奕奕，称盛一时"。宗谱又载周梦雷为"宋理宗淳祐甲辰（1244）科留梦炎榜进士，任襄阳刺史，墓在三十一都（今磐安玉山镇）张孟湖"，襄阳刺史云云，定然不确。只是按此记载，周梦雷又从武状元变成了文进士。《东阳玉峰周氏宗谱》载其为"襄阳府太守",襄阳乃宋元必争之地,以南宋守将吕文焕在襄阳与元军相持六年事,即可推断襄阳的重要性。明代大臣何乔新认为吕文焕"独守孤城,已逾五载,外有虎狼之敌,而无蚍蜉之援。撤屋为薪,缉银关为衣,艰难忍死,势危援绝,然后以城降元,盖亦有不得已焉"。吕文焕以功累擢知襄阳府兼京西安抚副使是在咸淳三年(1267),此时距周梦雷去世不过三载。可想而知,吕文焕接的正是周梦雷的班。襄阳之战是元灭南宋的关键之战,自襄、樊下,即可长驱直入南宋腹地,取得襄阳,覆灭南宋几如探囊取物。

还有一种说法认为,周梦雷为南宋刑部侍郎周自强之弟,见诸(同治)《江山县志》"绍定五年(1232)壬辰科徐元杰榜",周自强与周梦雷同时登第,且周梦雷下有"自强弟"之注语。按此记载,周梦雷应为江山人,而不是玉山人。周自强的身份或许没有疑义,《浙江通志》载:"周自强(正德江山县志),字勉仲,由刑部侍郎帅广,先是仕官卒岭南者,妻女不能还,多流落为婢。自强奏请官为嫁之,仍置接济库,计口给钱米,资之还。且虑行之不久,乃以己俸买田三十顷,闻于朝,刻石著其事。"周自强的墓在衢州江山市的礼贤村。此外,还有一个周自强,是临江路新喻(今江西省新余市余水区)人,字刚善,曾为元代婺州路义乌县尹,明代官员王祎在《送金华尹徐君序》中认为"婺之属县,六十年以来,为令而有循良之名者"有三人,临江周自强正是其中之一。然则《东阳周氏宗谱》所记颇详,登绍定壬辰徐元杰榜中式武举登进士第的是周箕叟,字仲虎,后为武功大夫,任高州太守,"敌战亡,上怜其忠,赐谥忠宪,绘像赐赞"。周箕叟"生于庆元辛酉(当为嘉泰辛酉,即 1201 年)正月十三日,卒于景定庚申(1260)八月十二日"。周梦雷与周箕叟则为堂兄弟,叶蓁认为周氏宗谱"有条不紊而所列诸名宦,某登某榜,某任某官,皆与郡邑志所载出处相符,庶几轻不失之误而重不失之诬也"。

其实,南宋末年,周氏一门武进士颇多,报国之心,溢于言表。如"周廷坚,字伯固,嘉熙戊戌(1238)周坦榜中式武举登进士第,任饶州金判""周师钟,字仲祥,淳祐辛丑(1241)徐俨夫榜中式武举登进士第,为寿春尹""周仲鳌,登淳祐丁未(1247)张渊微榜中式武举登进士第,授保义郎,任台州县尉,转杜渎场官""周仲桂,淳祐庚戌(1250)方逢辰榜武举登进士第,后升温州太守""周兼善,字仲廉,宝祐丙辰(1256)文天祥榜武举登进士第,授文林郎,知淳安县令""周焕新,字叔彰,景定壬戌(1262)方山景榜武举登进士第,为两浙盐度使",等等。然而,即使拥有周师锐、周梦雷这样的武状元以及一干武进士,南宋行将就木的状态也无法改变。不过,尽管武举选拔不能从根本上解决宋朝对军事人才的需求,挽救宋朝的危局,但随之兴起的以培养军事人才为目的的武学,却为中国古代军事学的发展做出了独特贡献。宋代以前并无武学,宋代开始在中央和地方设置武学,这是开历史之先河的创举。所谓"武学养之于未用之初""武举擢之于将用之日",其根本便是培养人才。为配合武举、武学的需要,官方整理、刊布了《武经七书》,作为自宋朝以来军事学校和武举考试的基本教材,由此奠定了中国古代军事学的基础。

有宋一代,出任武学博士的金华人有朱质、滕强恕、梅执礼、范钟、吴邃等,他们虽未必能达到黄宗羲《明夷待访录》中所描述的"天子之所是未必是,天子之所非未必非。天子遂不敢自为非是,而公其非是于学校"的境界,然众心所向,众力所趋,一如高斯得《上言学校疏》中所说,"庶几多士气节犹可保全,小人闻风知所畏惮,其于国家大体,诚非小补"。弃文从武的周师锐所要保全的也正是这样一份"磨牛斗"的气节,而不令自己在"掩关默坐度无聊"中空负一世豪情。

欲振孤风便拂衣

湖山居士吴芾

磐安的大湖山村位于高姥山东侧，海拔近千米，村庄南北延展，形似大雁。乡人吴德皎有《大湖山十景诗并序》，其中一诗名为《江南塞北》，诗云："地处江南地势高，山上山下不同调，密林围湖湖水碧，高姥山头戴白帽。林间人语杂鸟语，气氛和谐称陶尧，奇境奇景大湖山，江南塞北世无双。"大湖山村的名字源于吴氏先祖——吴芾（南宋中兴重要诗人），吴芾致仕后，于仙居石井之西筑亭馆，因其负山临湖，故名之"湖山"，吴芾也自号为"湖山居士"，以《湖山集》名世，该集至今尚存。吴芾次子吴洪一脉，至二十世孙吴佳年于清乾隆年间迁居磐安大湖山，村名如此，足见其不忘本之意。吴芾曾两度知婺州，其家风在磐安尚能不坠，近世犹振。吴恭亮于民国二年（1912）作《汉坤公行传》，吴汉坤为吴芾三十世孙吴文岳的第三子，"年及壮，迁永邑七保大湖山"，其为人乃"鲁仲连、田子方之流亚也"，"遇不平事，必竭力排解。故闾里有微嫌起，得公一言，即化无事者不知凡几"。吴氏子孙"或负耒而课晴，

《西宅吴氏宗谱·汉坤公行传》

或执经以问字,类皆卓荦不群,头角峥嵘",忠厚传家,诚非虚言。可见吴氏子孙恪守"敬为万善母""谦为众德基"之宗戒,正所谓"以仁得之,以仁守之,其量百世"。

吴芾,字明可,北宋崇宁三年(1104)三月三十日生,台州仙居人。朱熹所作《龙图阁直学士吴公神道碑》中写道:"公幼庄重,俨然如成人,读书刻苦,至忘寝食……自少即以气节自负,为人夷旷无城府。早岁游太学,人已自目为豪吴矣。"南宋建炎二年(1128)正月,金人大举入侵,宗泽大破之,"金溃不成军,尽弃辎重,自此宗泽威震天下",然宗泽为社稷忧,连番上疏皆无音信,忧愤成疾。七月一日,疽发于背,连呼三声"渡河"而亡。同月,吴芾闻宗泽死,作《哭元帅宗公泽》:"呜呼哀哉元帅公,百世一人不易逢。堂堂天下想风采,心如铁石气如虹。正色立朝不顾死,半生常在谪籍中。真金百炼愈不变,流水万折归必东。落落奇才世莫识,欲知劲草须疾风。维时中原丁祸乱,尘氛涨天天濛濛。众人畏缩公独奋,毅然来建中兴功。雄图一定百废举,复见南阳起卧龙……呜呼哀哉公死矣,始知国病在膏肓。我公我公经济才,设施曾未竟所长。但留英声与后世,永与日月争辉光。此死于公亦何憾,顾我但为天下伤。我闻天下哭公者,哀痛不翅父母丧。父母生我而已耳,岂能保我身无殃。邦人此时失所依,波迸东下纷苍黄。我公我公不复见,秋风在处生凄凉……"

绍兴二年(1132),吴芾登张九成榜进士,后授温州乐清县尉。绍兴二年八月,秦桧罢相,寓居永嘉,直至绍兴六年被再次起用,相传吴芾与秦桧有旧,其交集当在此段时间。绍兴十二年(1142)正月二十四日,详定一司敕令所删定官周之翰、潘良能(婺州人,潘良贵四弟,与吴芾同为秘书省正字)、吴芾、凌哲监登闻鼓院。同年十一月,吴芾迁秘书省正字。张扩《东窗集》有《吴芾除秘书省正字制》:"敕具官某图书之府,夙号清华,顾匪时髦,曷膺妙选。以尔学造乎理,行适厥中,见称士林,久而弥劭,往参群彦,刊正秘文,益励才猷,嗣有褒陟。"次年,"潘良能季成,游操存诚,沈介德和伯、兄景伯,皆拜秘书省正字"。洪迈《容斋随笔》记载:"四正字同日赴馆供职,少监秦伯阳(秦熺)于会食之次,谓坐客言:'一旦增四同舍,而姓皆从水旁,熺有一句,愿诸君为对之,以成三馆异日佳话。'即云:'潘游洪沈泛瀛洲。'坐客合词赏叹,竟无能对者。"此时,潘良能、吴芾等应都在秦熺拉拢之列,只是皆不愿附秦桧之门。

绍兴十四年(1144),吴芾在秘书省正字任上,时值秦桧专政,士大夫趋之若鹜,唯独吴芾"犹退然如未尝相识者,公坐旅进寒温而已",四川宣抚使郑刚中(金东曹宅人,与宗泽齐名)荐举吴芾自代,他称赞吴芾"虽适效一官,而高远之度常若超迈",秦桧更加不乐。七月,通判处州。殿中侍御史汪勃(此人极可恶,陈鹏飞亦由其参劾而安置惠州)言:"芾与潘良能结为死党,变乱是非;逢原(即何逢原,温州人,早年为秦桧馆客,与吴芾、潘良能同为秘书省正字)因蓝公佐之回,揣见和议少变,乃公肆异论,求合流俗。二人者不罢黜,缓急之际,必为国家之害。"绍兴二十年(1150)秋,吴芾通判婺州,潘良贵(潘良能兄)卒,吴芾作《潘公舍人义荣,当世第一流人也。仆顷得金华,私窃自喜,将获从公之游。洎至而公已云亡,至今以为恨。金元鼎出公往还诗帖,因即公韵和数句于后,姑以少见平生慕用之意云》:"一代名流世许谁,独公皎皎著明晖。少摅妙蕴聊持橐,欲振孤风便拂衣。愧我仰高乖晤对,羡君请益探玄微。今朝刮眼看遗墨,更觉平生万事非。"金元鼎也是婺州人,小名张僧、周卿,与朱熹为绍兴十八年(1148)同榜进士,后为长泰县令。朱熹有《寄题金元鼎同年长泰面山亭》诗,时在绍兴二十三年(1153),诗云:"抗心尘境外,结宇临秋山。乘高一骋望,表里穷遐观。众嶪互攒列,连冈莽萦环。阳崖烟景舒,阴壑悲风寒。碧草晚未凋,林薄已复丹。仙人吴门子,岁晚当来还。"朱熹也曾为潘良贵《默成居士集》作序,赞其曰:"若公之清明直谅,确然亡欲,其真可谓刚毅而近仁矣。"

至绍兴二十三年(1153),吴芾一直在婺州。居婺期间,吴芾曾游历北山,作《游鹿田三洞》:"野性平生酷爱山,好山不厌绝跻攀。感时又见三春暮,乘兴聊同一日闲。云出岫时迷古洞,鹿耕田处认禅关。自怜扰扰尘埃里,眼底欣逢水石环。"绍兴三十年(1160)三月四日,资政殿学士新知广州楼照卒,楼照为婺州永康人,吴芾作《挽楼枢密二首》,其一谓:"耆旧凋零久,惟公作世程。险夷全一节,终始保荣名。二府勋庸著,三州政绩成。十连方倚重,何遽掩佳城。"其二谓:"忆昔登龙日,从容接胜游。轩窗临绿野,尊俎俯清流。尚欲荣花坞,那知负钓舟。新阡何处是,极目暮云愁。"绍兴三十二年(1162)六月二十四日,吴芾以集英殿修撰知婺州,颇有政声。此时,南宋差役之残酷已经有目共睹,婺州首创义役,即由乡人创议合伙捐田帮助当役者应差,每年三月旧保正将田移交给新保正,作为应役之资本。《宋史·吴芾传》载:"至郡,劝民义役。金华长仙乡民十有一家,自以甲乙第其产,相次执役,几二十年。芾舆致十一人者,与合宴,更其乡曰'循里',里曰'信义',以褒异之。"乾道六年(1170)九月,知隆兴府的吴芾以年老奉祠,杨万里作《送别吴帅》,结尾一句"苍生未要怨东山,未必东山当此怨"表达了对吴芾离职的眷恋不舍之情。

南宋淳熙元年(1174),吴芾以龙图阁直学士致仕。是年,朱熹在台州崇道观任上,两人或于此时见过面。淳熙八年(1181),朱熹为浙东行使,行部至台,一路纠察官员,恐怕未必有空前去拜访吴芾。淳熙十年(1183)六月,吴芾卒。朱熹有《挽吴丞相芾公三首》,其中一首写道:"忆昔观风寄,登堂识老成。忘年见交态,把酒话诗情。别去如三岁,书来忽九京。却思凭槛语,忍遽勒公铭。"此前,吴芾曾作《和陶示周续之祖企谢景夷韵寄朱元晦》:"我爱朱夫子,处世无戚欣。渊明不可见,幸哉有斯人。奈何不苟合,进用苦无因。夫子于此道,妙处固已臻。尚欲传后学,使闻所不闻。顾我景慕久,愿见亦良勤。第恨隔千里，无由往卜邻。安得缩地杖，一到建溪滨。"足见吴芾对朱熹的推崇。

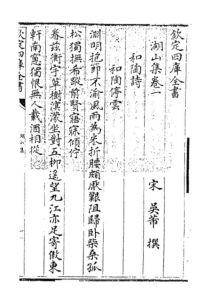

四库全书本《湖山集》

吴芾有子五人，分别为：津、洪、沃、泊、深。磐安大湖山吴氏出自吴芾次子吴洪。吴洪，字仲宽，尝从吕祖谦学，淳熙八年（1181）进士，任明州定海县丞，调嘉兴府江东提举。关于吴洪本人的直接记载，只有这些只字片语，此外唯有吴芾的《湖山集》中所存一首《二儿纳妇有感》，尚与吴洪有些许关联。该诗云："老乘一障楚江滨，无奈星星鬓影新。客里情怀那似旧，忙中日月不知春。若为经岁抛泉石，犹把非才玷缙绅。还尽此生儿女债，盍归林下作闲人。"可以想见，在儿子娶妻事毕后，吴芾悠然自得的心境。晚年，吴芾最喜唱和陶诗，《四库全书总目提要》论其诗风时就有"尚未及三十而笔力已挺健如此……其后退闲者十有余年，年几八十，乃渐趋平淡，《和陶》诸诗，当作于其时，亦殊见闲适清旷之致"的论断。其《和陶神释》一诗,阐释了他晚年恬淡的生活态度,读者可共勉。诗云:"人生禀一气,自微而至著。不问富与贫,不论新与故。自有形影初,我便相亲附。二子既有言,我宁无一语。汝形未生时,影复在何处?偶与我有缘,同生复同住。幸我所依人,造理仍知数。身虽未溘然,已办周身具。得酒即忘怀,宁复顾毁誉。醒即看云眠,目送孤鸿去。我亦得安闲,不忧还不惧。说与二子知,莫为身外虑。"此亦为磐安大湖山吴氏处世之良方,验之今日,吴氏子孙颇能以此为志,视宠辱为身外事,不忧亦不惧地生活在大湖山"空气清新杜鹃闹,天上人家地气灵"的秀美风光中。

学古还须探圣心

东眷韦氏略谈

磐安尚湖镇上溪滩韦氏中,笔者最早留意的是韦佩兰。他是清光绪二十九年(1903)的秀才。民国九年(1920),韦佩兰创办圭峰小学,在青龙头集福庵旧址建校舍三十余间;三年后,改名为志成小学。韦佩兰在校执教多年,不领工资,夙兴夜寐,只为育人。民国十七年(1928),后来成为著名哲学家的陈修斋入志成小学读书,今日中国西哲专家多半出其门下。然而,韦佩兰却没有给世人留下太多信息。民国三十一年(1942),日寇入侵磐安,韦佩兰作《履险记》,记录了自身所遭遇的险情。次年孟春,韦佩兰作《恭祝孔翁宪凤先生七旬晋三寿序》,赞其"忠恕为怀,所欲从心循祖道;谦和接物,余庆积善裕孙谋"。由韦佩兰上溯韦氏由来,方知磐安韦氏一脉,皆由东眷韦氏所出,其始祖为唐代的韦履淳。韦履淳遭杨国忠所嫉,谪守岭南朱崖后,又移婺州法曹参军。唐建中元年(780),韦履淳迁居东阳城北龙泉坊之东(介福巷东端北侧),衍为东宅、世德、南宅、旧宅、新宅以及溪南六房。始迁磐安上溪滩者则是清康熙年间的韦士吉,他"因守御县城有功受封守备,奉调随总督李之芳征闽",后"以少孤无兄弟辞归,奉母徙居玉山溪滩"。

　　韦士吉,原名承禧,清代东阳知县景应熊作《士吉韦君传》,其中写道:"君倜傥不羁人也,少有志量,负义侠,慕朱家郭解为人,三岁失怙,即能自立。曰:'人生具七尺躯,须昂藏自树,若终身局促,效辕下驹,胡为哉?'以故弓马剑棒之技,精练过人,门下食客几许。甲寅之乱,举团练长,率健儿数十,持枪挟炮火，登埤御寇，有至城下侦探者，怒马独出，一擒得之。"足见韦士吉昂扬勇武的一面。后来，韦士吉奉母遁迹玉山，又"一若前之据鞍横槊、负才恃气者，俱不复露而为山中之人矣"。因此，景应熊感慨："玉山秫足以酒，溪足以渔，笋蕨足以为蔌。身处富厚之余而知恬守退，侣木石而友麋鹿，其亦知足不辱之人欤？"郭廷瑜则为韦母作《节妇郭氏传》，传云："越二十年，而前之嫉我妒我者尽归乌有，而氏乃以其贤显。人谓氏有子，吾谓不有母，焉有其子？吾于是而知人之有势力者未可全恃，而节义自守，天之所以报施者终不爽也。"可知韦士吉进退有度的性格，与韦氏家风的熏陶不无关系。

从韦士吉一路追根溯源，我们可一探宋人韦学古的事迹，此人在地方史志中多不见载，名声不显。《吴宁韦氏宗谱》载："显一讳儒，字学古，系兆一封君之子。登宋崇宁癸未(1103)进士(由此可见，韦学古与羊永德为同年进士，而且二人皆为王安石的新学门徒)，历任承事郎领粮料院事，升工部侍郎。修镇海楼，刻石有名，详见特传并忠简公诗。生于元祐己巳(1089)三月初六日，卒于绍兴癸酉(1153)十一月廿二日，娶楼氏，生一子惠。"值得一提的是，《东眷韦氏家乘》记载了南宋右丞相叶衡为韦学古所作的一篇传记。南宋绍兴二十三年(1153)仲春，枢密院都承旨前户部侍郎同郡叶衡撰《宋承事郎领粮料事韦公学古传》，其中写道："公姓韦，讳儒，字学古，唐婺州参军履淳九世孙。父思佩，挟艺不售，德淑一乡。学古自幼领庭教，知所向往

乾隆二十四年重修本《东眷韦氏家乘》

而资性明敏，不欲为辕下驹，常益充经笥，茂文苑，登进士第，见乱世思出而无为隐居林下，闻宗忠简公泽夺爵羁置镇江，蹑履往从之，历凡六七寒暑，不欲弃去，即举足来旋。靖康丙午(1126)，汴京失守，忠简公以荐起元戎，佐康王构于湘州，得以便宜署属吏，檄学古权领粮料事，转移刍粟以佐军兴，一时规划，汔有程度。”宋初以武臣为都粮料使，后改以文臣充任。南渡以后，设有分差各处的粮料院，职掌百官、诸司、诸军俸禄发放等事务。可见，韦学古所掌之事为宗泽军中的军饷，其职甚重。宋高宗即位以后，韦学古仍然追随宗泽，留守京城，“以收王善功，得授承事郎，领粮料如故”。

此一时期，宋高宗极为倚重汪伯彦与黄潜善，汪、黄得以把持军政要职，南宋早期决策多半出于二人之手，是以“汪、黄用事，忠简每上疏言事，抑不得请”。韦学古也只能感叹“天下事已如此，不去何待?”于是，他拜辞宗泽，返回金华。宗泽以及韦

236

乾隆二十四年重修本
《东眷韦氏家乘·韦学古传》

学古同僚皆作《送幕判韦学古归东阳》，宗泽道："与君乡井连，君住乌伤东。三年同洛阳，尘冠吹北风。凫鸟今南旋，离杯莫从容。我有老铁心，挥戈气成虹。"钱宝臣道："路入钱塘江水茫，双溪桥下送归航。万重山里猿啼月，八咏楼前雁渡霜。直节要陪秋菊晚，丹心还抗晓葵芳。只今河洛风尘暗，北望长天泪欲滂。"蒋苕道："江南景色画图看，河北风尘白日寒。归去故园松菊好，梦魂还复到长安。"李沇道："雨前山色马头迎，雨后滩声枕上听。归到东阳新酿熟，只须长醉不须醒。"谢次山道："乱石危滩水接江，清风楼下夜停艖。寸心不逐寒灯尽，梦里惊呼敌已降。"叶衡以为"诸作忠愤激烈，俱已发其感慨之心，读之可想见其为人矣"。南宋建炎二年(1128)，宗泽痈发于背而卒。有人以为韦学古有"知机"之能，然韦学古始终"奉亲祀先，处友教子，率不背于道而尤扼腕于二圣、忠简公之死，痛之终其身"。叶衡任太府少卿时，韦学古之子韦惠任太府少监,韦惠了解叶衡的写作能力,希望其父能通过叶衡所作传记被世人熟知,只是事与愿违,该传终湮没无闻久矣。

《东眷韦氏家乘》载:"韦惠,字拾义,登宋绍兴癸酉(1153)进士(韦学古卒于是年,其子登第亦于是年,可谓悲欣交集),仕少府少监时,因南渡工役丛积,调度有方,弛张得所,时以干力称。又因子贵,诰赠中奉大夫。生于靖康元年(1126)九月初九日,卒于乾道戊子(1168)六月初七日,娶潘氏,生四子:稔、积、稳、称。"长子韦稔、三子韦稳皆早逝,韦积默默无闻,唯独韦称(字原善)"登嘉定癸亥(当为嘉泰癸亥,即 1203 年)进士","历官枢密院承旨,侍立殿廷,终日无堕容。检察主事以下功过,公而益严,以老请,卒家。加赠中奉大夫。生于绍兴甲戌(1154)五月十三日,卒于嘉定己卯(1219)六月初三日,娶丘氏,生二子:日新、日彬"。韦日新次子韦希颜,字有贤,登南宋淳祐六年(1246)进士,仕至国子助教,"参议礼乐,通达国体,协修国史,加升三级,赐建文星坊于县治之东,后养疾居家,义笃宗盟,首编家谱。生于嘉定甲申(1224)十月十五日,卒于至元乙酉(1285)十二月二十三日,娶孙氏,生二子:平孙、康孙"。文星坊位于东阳城中南十字街口,也作"清美坊",韦氏迁居此处建宅立祠,因此该地被视为东眷韦氏发祥地。两宋时期,韦氏多有进士,也算得上人才辈出。

韦希颜的事迹同样少有人闻,《东眷韦氏家乘》录有四首和他相关的赠诗。刘士龙作《送国子助教韦有贤之任》:"故人今日辞我去,席卷地上南风尘。不负下帷十载苦,领得承明君恩新。君家江南文献邦,一经陶冶乾坤春。熙熙旭日门墙晓,奕奕青辉桃李阴。亨衢白日生青云,要路无梯指日登。"朱杰亦赋诗送别:"汨罗江水隔天涯,南渡传经汉相家。休道青毡今日冷,长卿终见使皇华。"吕开元作《赠国子助教有贤两首》,其一谓:"彭城公后白眉良,风雅传家业自藏。六馆雁行分甲乙,十年藜火照行藏。浙东自古多麟凤,江左如今有乘黄。好取明经发先德,元成教法凛如霜。"其二谓:"寂寂书窗映碧苔,幽闲直似小蓬莱。谁人不识词林客,风雅文章尽自裁。"清人戴殿泗在为韦氏宗谱所作序中写道:"东阳聚族于城二十二坊者,旧传四名家,今必右推文星韦氏矣。韦氏簪绂隆盛甲天下,其见于唐书世系表,弗具述。若迹始东阳,法曹参军讳履淳者,彭城敬公后也……嗣世讳友直者,占籍东阳治北龙泉坊。十余祀,第进士十六人,官皆显越。其徙于文星坊也,以助教讳希颜者协修国史,名在治东,亦曰德润。"韦氏蕃衍至清嘉庆年间,可谓"益大以昌"。譬如,韦氏后人与尖山的叶蓁多有交集,叶蓁是清乾隆时期的才子,曾作《寿昂轩韦翁五十》为韦昂轩贺寿:"吾乡月旦谁称最,昂轩先生典型在。周道遥公唐左司,一例高峰邈尘堨。成均早充观国宾,不乐仕进乐恬退。把酒时复见性情,与人不妄通謦欬。帘阁据几宴寝香,自适其适破天械。君家严君人中豪,群行卓卓口碑载。善则归亲亡何有,负荷自克胜重大。即今名德日发闻,子舍依然禀慈诲。连枝同气忆旧踪,寸草春晖结深爱。"

　　遥想当年"城南韦杜,去天尺五",可见韦氏当年地位之显赫。如今尚湖镇上溪滩村祠堂里尚存有一方"尺五名宗"的古匾,该匾左上角有"许弘纲印"四字。此许弘纲也是东阳人,字张之,号少薇,明万历八年(1580)进士,后来官至南京兵部尚书,因忤魏忠贤而请退还乡。许弘纲曾为韦绍富作《润庵公墓志铭》,极赞韦氏"立身行道以孝友忠信为先,义侠次之"的风范。许弘纲还与韦叔闻多有交往,曾作《赠叔闻之任临桂》,诗云:"岘山对拱绿崔巍,把臂逢君祖帐开。花发三春迎去陌,身携一剑怅离杯。翩翩飞鸟新舒翰,习习哦风数负才。笑傲桂林千万树,可能遥寄一枝来。"

　　纵使"去天尺五"的威仪与荣光已不再来,然韦氏后人之盛德与良行终究借助这些翰墨文章保存下来,越百年而声名显扬,也算没有遗憾了。

参考书目

宗谱

[1] 东阳倪氏宗谱.雍正八年重修本,1730.

[2] 东眷韦氏家乘.乾隆二十四年重修本,1759.

[3] 东阳周氏宗谱.道光十七年重修本,1837.

[4] 东阳俞氏宗谱.道光二十九年重修本,1849.

[5] 皿川羊氏宗谱.道光二十九年重修本,1849.

[6] 蟠松周氏宗谱.光绪六年重修本,1880.

[7] 东阳长衢郭氏宗谱.光绪十四年重修本,1888.

[8] 永康孔氏宗谱.民国八年重修本,1919.

[9] 楼川陈氏宗谱.民国十七年重修本,1928.

[10] 灵山卢氏宗谱.民国二十三年重修本,1934.

[11] 安文陈氏宗谱.民国三十七年重修本,1948.

[12]南里王氏宗谱.民国三十七年重修本,1948.

[13]乌岩倪氏宗谱.民国三十七年重修本,1948.

史志

[1]王益之.历代职源撮要.民国五年刻本,1916.

[2]郑柏.金华贤达传.民国十三年刻本,1924.

[3]应廷育.金华先民传.民国十三年刻本,1924.

[4]徐松.宋会要辑稿.北京:中华书局,1957.

[5]欧阳修.新五代史.北京:中华书局,1974.

[6]王铚.默记.北京:中华书局,1981.

[7]岳珂.桯史.北京:中华书局,1981.

[8]脱脱,等.宋史.北京:中华书局,1985.

[9]黄宗羲.宋元学案.北京:中华书局,1986.

[10]吴师道.敬乡录.扬州:广陵古籍刻印社,1986.

[11]张燧.千百年眼.石家庄:河北人民出版社,1987.

[12]叶绍翁.四朝闻见录.北京:中华书局,1989.

[13]孔传,等.东家杂记.济南:山东友谊书社,1990.

[14]李心传.建炎以来朝野杂记.北京:中华书局,2000.

[15]孙衣言.瓯海轶闻.上海:上海社会科学院出版社,2005.

[16]马端临.文献通考.北京:中华书局,2006.

[17]王梓材.宋元学案补遗.北京:中华书局,2011.

242

［18］司马光.资治通鉴.北京：中华书局,2011.

［19］徐象梅.两浙名贤录.杭州：浙江古籍出版社,2012.

［20］王象之.舆地纪胜.杭州：浙江古籍出版社,2012.

［21］李心传.建炎以来系年要录.北京：中华书局,2013.

［22］张希清.中国科举制度通史：宋代卷.上海：上海人民出版社,2015.

［23］王素.王文正公遗事.北京：中华书局,2017.

［24］金华市地方志编纂委员会编.金华市志.北京：方志出版社,2017.

［25］王益之.西汉年纪.北京：中华书局 2018.

［26］沈翼机,等.浙江通志.雍正十三年刻本,1735.

［27］陈耆卿.嘉定赤城志.嘉庆二十三年刻本,1818.

［28］黄金声,李林松.金华县志.道光三年刻本,1823.

［29］陈延恩.李兆洛,周仲简.江阴县志.道光二十年刻本,1840.

［30］雷铣.王棻.青田县志.光绪二年刻本,1876.

［31］李汝为,等.永康县志.民国二十一年重印本,1932.

［32］胡宗楙.金华经籍志.北京：中国书店,1991.

［33］中国人民政治协商会议磐安县委员会文史资料工作委员会.磐安文史资料：第二辑.中国人民政治协商会议磐安县委员会文史资料工作委员会,1991.

［34］陆游.家世旧闻.北京：中华书局,1993.

［35］中国人民政治协商会议磐安县委员会文史资料工作委员会.磐安文史资料:第三辑.中国人民政治协商会议磐安县委员会文史资料工作委员会,1993.

［36］磐安县志编纂委员会编.磐安县志.杭州:浙江人民出版社,1993.

［37］陈新希.磐安方志丛稿:第二辑.磐安县地方志编纂委员会办公室,1997.

［38］陈新希.磐安方志丛稿:第四辑.磐安县地方志编纂委员会办公室,2000.

［39］陈新希.磐安方志丛稿:第五辑.磐安县地方志编纂委员会办公室,2001.

［40］陈新希.磐安方志丛稿:第六辑.磐安县地方志编纂委员会办公室,2002.

［41］东阳市历史文化研究会.民国东阳县志(校补本).杭州:西泠印社出版社,2018.

文集

［1］张鉴.冬青馆集.道光十九年刻本,1839.

［2］葛洪.蟠室老人文集.光绪六年刻本,1880.

［3］陈大猷.书集传或问.民国十三年刻本,1924.

［4］陈亮.陈亮集.北京:中华书局,1974.

［5］叶适.叶适集.北京:中华书局,1983.

［6］朱熹.朱熹集.成都:四川教育出版社,1996.

［7］林光朝.艾轩集.上海:上海古籍出版社,2003.

［8］曾枣庄,刘琳.全宋文.上海:上海辞书出版社,2006.

［9］楼钥.楼钥集.杭州:浙江古籍出版社,2010.

［10］赵一生.东阳丛书.杭州:浙江古籍出版社,2014.

普通图书

［1］华山.宋史论集.济南:齐鲁书社,1982.

［2］黎靖德.朱子语类.北京:中华书局,1986.

［3］张峻荣.南宋高宗偏安江左原因之探讨.台北:文史哲出版社,1986.

［4］许友根.武举制度史略.苏州:苏州大学出版社,1997.

［5］李勇先.舆地纪胜研究.成都:巴蜀书社,1998.

［6］杨守敬.日本访书志补.沈阳:辽宁教育出版社,2003.

［7］邹逸麟.椿庐史地论稿.天津:天津古籍出版社,2005.

［8］于北山.陆游年谱.上海:上海古籍出版社,2006.

［9］郭学焕.孔子后裔在浙江.杭州:浙江人民出版社,2013.

［10］陆游.剑南诗稿校注.钱仲联,校注.上海:上海古籍出版社,2015.

［11］沈杰.三衢孔氏家庙志.北京:国家图书馆出版社,2015.

［12］赵静蓉.文化记忆与身份认同.北京:生活·读书·新知三联书店,2015.

［13］吴锡标,等.孔氏南宗研究.北京:国家图书馆出版社,2015.

［14］陈训廷.惠州历史概述.广州:广东人民出版社,2016.

［15］刘起釪.尚书学史.北京:中华书局,2016.

［16］丁升之.婚礼新编校注.上海:上海古籍出版社,2017.

［17］葛煊炜.葛氏东阳.杭州:西泠印社出版社,2017.

［18］周兴涛.宋代武举锥指.昆明:云南人民出版社,2017.

［19］林之奇.尚书全解.北京:人民出版社,2019.

［20］顾旭明.宋元时期的东阳理学.杭州:浙江工商大学出版社,2019.

［21］许宁航.东阳百家姓.杭州:西泠印社出版社,2020.

［22］赵冬梅.大宋之变.桂林:广西师范大学出版社,2020.

［23］吕肖奂.宋代酬唱诗歌论稿.上海:复旦大学出版社,2021.

［24］刘子健.宋代中国的改革:王安石及其新政.上海:上海人民出版社,2022.

期刊

［1］乔卫平.孔氏南北宗裔若干世系考辨.孔子研究,2009

（04）：117-123.

［2］浅见洋二.中国诗歌中的儿童与童年——从陶渊明到陆游、杨万里.人文中国学报,2016(01):23-48.

［3］魏曙光.衍圣公孔端友南渡考.赤峰学院学报,2016,37(08):28-31.

［4］曹曦.王象之书《南宋孙若蒙与郭氏夫妇墓志碑铭》考论.宋史研究论丛,2017(02):258-271.

［5］朱玉霞.陈鹏飞《书解》研究.历史文献研究,2020(02):87-99.

［6］樊智宁,陈徽.蔡沈《书集传》的伦理思想及其对程朱的推进.南昌大学学报,2021,52(04):29-29.

［7］朱学博.陈鹏飞生平著述考——兼论永川陈少南墓真伪.地方文化研究辑刊,2021(02):105-211.

［8］刘正刚,张柯栋.冲突与调适:明清永康桦溪孔氏的"圣裔"谱系建构.史林,2022(05):57-65.

学位论文

［1］田勤耘.崇宁兴学研究.武汉:华中科技大学,2005.

［2］余莎米.岳珂生平著述考.北京:北京大学,2008.

后　记

十八年前,我在磐安百杖潭论剑夺冠,可谓意气风发,磐安在我心目中成了绝无仅有的"一个福地"。此后,我在金华城中辗转来去,年近四十,仍然对万事万物充满好奇,终日在故纸堆里寻索,以文章换口粮,虽万分艰难,却乐在其中。

2021年,我应磐安县文联之邀,为南宋地理学家王象之作一诗传。王象之是磐安尚湖镇大王村人,他的墓地坐落于村前面山的茶园之中。尚湖镇对我的支持更是难以言表,让我能够从一个"新的起点"出发,我与王象之的相遇,就像一朵云飘进深山,王象之的"精神、气力、学识、经验"都在一部《舆地纪胜》当中,我则以百二十首诗作"站在时间的一个节点上眺望另一个节点",与之进行一场跨越八百年的对谈,借古人之酒杯,浇自己之块垒,这是我初探磐安南宋士人的心扉。

接踵而来的《磐安之往》则是我深耕磐安两宋家族的一个倾心之作,从越国公卢琰到粮料使韦学古,两宋的风云,在磐安这样一个群山环绕的小城中自有一种面相。自 2022 年及今，我浏览的古籍、宗谱不下百余种，用力不可谓不勤，个中百般滋味，也只有自己知道。庆幸自己置身于互联网时代，可以通过各种途径查看与磐安相关的宗谱、方志以及各种相关著作，不然绝无可能，穷一年之力即大功告成。

感谢磐安县文联主席警兵兄的信任，当我在创作上陷入"山重水复疑无路"的状态时，他总是耐心地等候，他促使我相信"柳暗花明又一村"不是空言，陆游当初彷徨之日，或许同样为这样的转机而感到雀跃，我仿佛顺着他的足迹与思念在磐安流连忘返。

这本小书能够得以问世，有赖于磐安县档案馆的鼎力支持。当然，书中难免有疏漏舛误之处，还请方家不吝赐教。

癸卯年秋许梦熊于梦庵